嘉兴端午习俗

嘉兴端午习俗

总主编 金兴盛

浙江摄影出版社

王晓初　吴文彬　编著

浙江省非物质文化遗产代表作丛书

总　序

中共浙江省委书记
省人大常委会主任　夏宝龙

　　非物质文化遗产是人类历史文明的宝贵记忆，是民族精神文化的显著标识，也是人民群众非凡创造力的重要结晶。保护和传承好非物质文化遗产，对于建设中华民族共同的精神家园、继承和弘扬中华民族优秀传统文化、实现人类文明延续具有重要意义。

　　浙江作为华夏文明发祥地之一，人杰地灵，人文荟萃，创造了悠久璀璨的历史文化，既有珍贵的物质文化遗产，也有同样值得珍视的非物质文化遗产。她们博大精深，丰富多彩，形式多样，蔚为壮观，千百年来薪火相传，生生不息。这些非物质文化遗产是浙江源远流长的优秀历史文化的积淀，是浙江人民引以自豪的宝贵文化财富，彰显了浙江地域文化、精神内涵和道德传统，在中华优秀历史文明中熠熠生辉。

　　人民创造非物质文化遗产，非物质文化遗产属于人民。为传承我们的文化血脉，维护共有的精神家园，造福子孙后代，我们有责任进一步保护好、传承好、弘扬好非物质文化遗产。这不仅是一种文化自觉，是对人民文化创造者的尊重，更是我们必须担当和完成好的历史使命。对我省列入国家级非物质文化遗产保护名录的项目一项一册，编纂"浙江省非物质文化遗产代表作丛书"，就是履行保护传承使命的具体实践，功在当代，惠及后世，有利于群众了解过去，以史为鉴，对优秀传统文化更加自珍、自爱、自觉；有利于我们面向未来，砥砺勇气，以自强不息的精神，加快富民强省的步伐。

党的十七届六中全会指出，要建设优秀传统文化传承体系，维护民族文化基本元素，抓好非物质文化遗产保护传承，共同弘扬中华优秀传统文化，建设中华民族共有的精神家园。这为非物质文化遗产保护工作指明了方向。我们要按照"保护为主、抢救第一、合理利用、传承发展"的方针，继续推动浙江非物质文化遗产保护事业，与社会各方共同努力，传承好、弘扬好我省非物质文化遗产，为增强浙江文化软实力、推动浙江文化大发展大繁荣作出贡献！

（本序是夏宝龙同志任浙江省人民政府省长时所作）

前 言

浙江省文化厅厅长 金兴盛

要了解一方水土的过去和现在，了解一方水土的内涵和特色，就要去了解、体验和感受它的非物质文化遗产。阅读当地的非物质文化遗产，有如翻开这方水土的历史长卷，步入这方水土的文化长廊，领略这方水土厚重的文化积淀，感受这方水土独特的文化魅力。

在绵延成千上万年的历史长河中，浙江人民创造出了具有鲜明地方特色和深厚人文积淀的地域文化，造就了丰富多彩、形式多样、斑斓多姿的非物质文化遗产。

在国务院公布的四批国家级非物质文化遗产名录中，浙江省入选项目共计217项。这些国家级非物质文化遗产项目，凝聚着劳动人民的聪明才智，寄托着劳动人民的情感追求，体现了劳动人民在长期生产生活实践中的文化创造，堪称浙江传统文化的结晶，中华文化的瑰宝。

在新入选国家级非物质文化遗产名录的项目中，每一项都有着重要的历史、文化、科学价值，有着典型性、代表性：

德清防风传说、临安钱王传说、杭州苏东坡传说、绍兴王羲之传说等民间文学，演绎了中华民族对于人世间真善美的理想和追求，流传广远，动人心魄，具有永恒的价值和魅力。

泰顺畲族民歌、象山渔民号子、平阳东岳观道教音乐等传统音乐,永康鼓词、象山唱新闻、杭州市苏州弹词、平阳县温州鼓词等曲艺,乡情乡音,经久难衰,散发着浓郁的故土芬芳。

泰顺碇步龙、开化香火草龙、玉环坎门花龙、瑞安藤牌舞等传统舞蹈,五常十八般武艺、缙云迎罗汉、嘉兴南湖掼牛、桐乡高杆船技等传统体育与杂技,欢腾喧闹,风貌独特,焕发着民间文化的活力和光彩。

永康醒感戏、淳安三角戏、泰顺提线木偶戏等传统戏剧,见证了浙江传统戏剧源远流长,推陈出新,缤纷优美,摇曳多姿。

越窑青瓷烧制技艺、嘉兴五芳斋粽子制作技艺、杭州雕版印刷技艺、湖州南浔辑里湖丝手工制作技艺等传统技艺,嘉兴灶头画、宁波金银彩绣、宁波泥金彩漆等传统美术,传承有序,技艺精湛,尽显浙江"百工之乡"的聪明才智,是享誉海内外的文化名片。

杭州朱养心传统膏药制作技艺、富阳张氏骨伤疗法、台州章氏骨伤疗法等传统医药,悬壶济世,利泽生民。

缙云轩辕祭典、衢州南孔祭典、遂昌班春劝农、永康方岩庙会、蒋村龙舟胜会、江南网船会等民俗,彰显民族精神,延续华夏之魂。

我省入选国家级非物质文化遗产名录项目,获得"四连冠"。这不仅是我省的荣誉，更是对我省未来非遗保护工作的一种鞭策，意味着今后我省的非遗保护任务更加繁重艰巨。

重申报更要重保护。我省实施国遗项目"八个一"保护措施，探索落地保护方式，同时加大非遗薪传力度，扩大传播途径。编撰浙江非遗代表作丛书，是其中一项重要措施。省文化厅、省财政厅决定将我省列入国家级非物质文化遗产名录的项目，一项一册编纂成书，系列出版，持续不断地推出。

这套丛书定位为普及性读物，着重反映非物质文化遗产项目的历史渊源、表现形式、代表人物、典型作品、文化价值、艺术特征和民俗风情等，发掘非遗项目的文化内涵，彰显非遗的魅力与特色。这套丛书，力求以图文并茂、通俗易懂、深入浅出的方式，把"非遗故事"讲述得再精彩些、生动些、浅显些，让读者朋友阅读更愉悦些、理解更通透些、记忆更深刻些。这套丛书，反映了浙江现有国家级非遗项目的全貌，也为浙江文化宝库增添了独特的财富。

在中华五千年的文明史上，传统文化就像一位永不疲倦的精神纤夫，牵引着历史航船破浪前行。非物质文化遗产中的某些文化因子，在今天或许已经成了明日黄花，但必定有许多文化因子具有着超越时空的生命力, 直到今天仍然是我们推进历史发展的精神动力。

省委夏宝龙书记为本丛书撰写"总序", 序文的字里行间浸透着对祖国历史的珍惜, 强烈的历史感和拳拳之心。他指出: "我们有责任进一步保护好、传承好、弘扬好非物质文化遗产。这不仅是一种文化自觉, 是对人民文化创造者的尊重, 更是我们必须担当和完成好的历史使命。"言之切切的强调语气跃然纸上, 见出作者对这一论断的格外执着。

非遗是活态传承的文化, 我们不仅要从浙江优秀的传统文化中汲取营养, 更在于对传统文化富于创意的弘扬。

非遗是生活的文化, 我们不仅要保护好非物质文化表现形式, 更重要的是推进非物质文化遗产融入愈加斑斓的今天, 融入高歌猛进的时代。

这套丛书的叙述和阐释只是读者达到彼岸的桥梁, 而它们本身并不是彼岸。我们希望更多的读者通过读书, 亲近非遗, 了解非遗, 体验非遗, 感受非遗, 共享非遗。

2015年12月20日

目录

嘉兴历史悠久，人文荟萃，是国家历史文化名城。早在7000多年前，先民就在这块土地上耕作生息，形成了被誉为"江南文化之源"的马家浜文化。嘉兴地处江南腹地，拥有得天独厚的自然人文环境，稻作与蚕桑并重，自古以来被誉为"鱼米之乡，丝绸之府"。"吴根越角"特殊的地理位置，使嘉兴文化兼具吴风越韵之美，呈现出典型的江南水乡特色。嘉兴端午习俗是嘉兴地方文化的杰出代表，底蕴深厚，特色鲜明，在全国范围内拥有较大的影响。

嘉兴端午习俗源远流长，历经千百年的传承发展，演绎出丰富的民俗事象，具有极高的社会价值和文化价值。随着现代社会的高速发展，传统文化被抛在时代的身后，许多饱含民族记忆和珍贵历史价值的文化遗产面临存续的危机。近年来，嘉兴市特别重视传统文化的保护、传承与发扬，形成了具有可持续性和前瞻性的保护机制。嘉兴端午习俗，作为国家级非遗项目，受到嘉兴社会各界的关注，政府部门与普通市民同心协力，共同创造了有利于端午习俗的传承和进一步发展传播的环境和氛围。

2009年10月，端午节成功入选联合国教科文组织"人类非物质文化遗产代表作名录"，成为人类共同的非物质文化遗产。同年，第一届嘉兴端午民俗文化节举行。自2010年起，端午民俗文化节由国家文化部和浙江省人民政府主办，成为规格更高的节庆文化活动。端午习俗是民俗类遗产，传承主体是人民大众，历届端午民俗文化节将嘉兴传统的优秀文化底蕴和现代的办节理念、组织方式结合起来，通过传统文化的强大魅力，吸引市民和游客参与，在全社会营造了品味端午文化、保护端午习俗的良好氛围。

嘉兴市在立足于端午习俗的民俗性与群众性的同时，不忘对其进行调查研究，深挖其学术内涵，在繁华的现象之外，致力于对其本质的探究，为端午习俗在现代社会的健康发展奠定坚实的基础。近年来，嘉兴加强与中国民俗协会的合作，成立了全国首个"端午文化研究基地"，基地的一大成果是2013年出版的《中国端午节》专著，六卷，二百多万字，是中国传统节日研究领域规模最大的一套资料集成。此外，还组织召开了数次国际性端午学术会议，取得了丰硕的成果。

根据省文化厅的要求编著而成的这本书，较为全面地呈现了嘉兴端午习俗的面貌，从某种程度上说，也是嘉兴市近些年来端午习俗保护工作的一次总结，成绩如何，有待读者慧眼鉴察。

嘉兴市文化广电新闻出版局局长　金琴龙

一、端午习俗与嘉兴地方传统

端午节是中国人的重要节日之一，对中国人按时令调整生活有重要意义。嘉兴多河港、产稻米，端午习俗丰富。

一、端午习俗与嘉兴地方传统

端午节是中国人的重要节日之一，对中国人按时令调整生活有重要意义。进入现代社会，传统节日的表征和意蕴都发生了变化，但这并不影响端午节的重要性。上至国家，下至社会平民，仍然非常关注这个节日。2007年，政府调整节假日制度，端午与清明、中秋等其他节日一起成为法定节假日。2009年，端午节入选世界非物质文化遗产名录，在所有中国传统节日中，第一个获此殊荣。

端午节至迟从战国时期起就已进入中国人的生活，两千多年来，形成了丰富的节日习俗，在衣、食、住、交往、生产、娱乐、祭祀等方面都有特殊的规定。端午节不仅在时间上起源早、传续久，而且在空间上分布范围大，跨越了不同种族和国家。在我国，除汉族外，还有满、蒙、藏、苗、彝、畲、土家等二十多个少数民族过端午节。端午节还走出国门，进入越南、朝鲜、韩国、日本等国家，成为这些国家的传统节日。地区之间的地理和文化差异造成了端午习俗的多样性，同时也丰富了端午节的文化表达。有差异，也有不均衡：有些地区端午节习俗单一而缺乏生机，人们只是习惯性地过个节；有些地区的端午节资源丰富，一系列的民俗事象构成了完整的节日空间，嘉兴是这些地区中非常具有代表性的一个。

[壹]嘉兴的自然与人文环境

　　嘉兴是马家浜文化的发源地。马家浜文化最初发现于嘉兴市南湖乡天带桥村马家浜自然村，并因此而得名。考古研究证明，马家浜文化是太湖流域新石器时代早期文化的代表，至今已有六七千年的历史。各时期马家浜文化遗址中出土了大量文物，其中，位于桐乡石门的罗家角遗址出土了156粒碳化稻谷，经科学测定，这些谷粒是七千多年前人工栽培的籼谷和粳谷。同时，多处遗址出土了穿孔斧、骨耜、木铲、陶杵等农业工具。在全国乃至全世界，嘉兴是种植水稻最早的地区之一。

嘉兴城市一角

在中国历史上，嘉兴是东南一带重要的粮食产区，在唐代，就有"嘉禾一穰，江淮为之康；嘉禾一歉，江淮为之俭"的说法。随着人口的南迁，文化中心也随之南移，经过南北朝、唐、宋几代的开发，南宋时，嘉兴已是东南名郡，民富物饶，衣食海内，"生齿蕃而货财阜，为浙西最"。

同时，嘉兴还是著名的江南水乡，境内河港密布，湖漾纵横，河道总长达13000余千米，河湖面积占陆地总面积的8%以上，人们"以舟代车"，生活中"一日不能废舟楫"。地理上，嘉兴位于钱塘江入海口，钱江潮的威猛声势为嘉兴人所熟悉。由钱江潮演化而来的潮神、涛神与伍子胥的传说有交汇处，从中亦可寻绎端午节起源的线索。

闻一多先生在《端午考》中认为，端午节的发生有两个先决条件：多河港和产稻米。无疑，嘉兴是满足这两个条件的理想地区。

得天独厚的人文地理条件，孕育了嘉兴的稻作文化，也培育出影响深远的蚕桑文化。在农耕时代，种稻和养蚕，是嘉兴地区最主要的两种生产方式。稻作文化与端午节有千丝万缕的联系，同样，蚕桑文化也在嘉兴的端午民俗事象中加入了独特的成分。望蚕讯、祭蚕神、谢蚕花等是蚕乡人民独有的端午习俗。

端午有追念先贤的传统，屈原和端午节的故事最为人们所熟知。在嘉兴，人们纪念的对象却是伍子胥。这是嘉兴独特的地理环境所决定的。

　　嘉兴古称檇李，又名长水，秦时改称由拳，汉至唐五代属苏州府，宋时始有嘉兴府。嘉兴地处吴越腹地，有"吴根越角"之称。春秋时期，吴越争雄，嘉兴是两国交战的战场。据史书记载，嘉兴区域内发生过多次吴越大战。吴王在嘉兴境内

伍子胥画像

筑八城，以御越军。今桐乡境内的东荡、西荡，在新中国成立前还荒凉辽阔，古意悠远，当年吴越军队在此鏖战，伤亡无数。光绪《嘉兴府志》载："皆广数十里，土人耕地，往往得败甲朽镞云。"

　　伍子胥，名员，楚国人，父兄为楚王所杀，投奔吴国，受到吴王阖闾重用，为吴立下勋业。夫差继位，听信谗言，赐剑令子胥自刎。司马迁《史记》记载："乃使使赐伍子胥属镂之剑，曰：'子以此死。'伍子胥仰天叹曰：'嗟乎！谗臣嚭为乱矣，王乃反诛我。我令若父霸。自若未立时，诸公子争立，我以死争之于先王，几不得立。若既得立，欲分吴国予我，我顾不敢望也。然今若听谀臣言以杀长者。'乃告其舍人曰：'必树吾墓上以梓，令可以为器；而抉吾眼县吴

东门之上，以观越寇之入灭吴也。'乃自刭死。吴王闻之大怒，乃取子胥尸盛以鸱夷革，浮之江中。吴人怜之，为立祠于江上，因命曰胥山。"伍子胥死后，在民间被尊奉为潮神、涛神、江神，并被立庙祭祀，受人间香火。

吴越旧迹，至今可寻。嘉兴市东南大桥附近原有胥山，相传为伍子胥练兵处，伍子胥死后葬于此山，因称"胥山"。胥山是嘉兴城郊唯一一座山，高仅20米，面积约90亩。据至元《嘉禾志》载，胥山又名张山，"山左有石龟凝望泾水，自高而下，有欲趋赴之态。昔风雨中，有老农见其行，疑其为怪，潜命工凿伤一目。右有吴王磨剑石，长可三四丈，直指西下，剑痕在焉"。

胥山虽小，历来却备受瞩目，是嘉兴名胜之一，吸引众多文人墨客来此游赏。宋张尧同《嘉禾百咏》就咏及胥山，诗云："马革浮尸去，君王太忍人。此山空庙貌，何以劝忠臣。"元代吴镇作《嘉禾八景图》，其七为"胥山松涛"，题词曰："百亩胥峰，道是子胥磨剑处，嶙峋白石几番童，时有兔狐踪。山前万个长松树，下有高人琴剑墓，周回苍桧四时青，红日战涛声。"朱彝尊、钱载等亦有咏胥山的诗文留世。1937年，考古学家张凤到胥山考古，发现吴越春秋时期陶器数件，并有镌刻"山海"两字的宋元古砖。1969年，因兴修水利工程的需要，胥山遭到垦挖，至1980年，山体被挖空，留下10米深大坑，只余山脚石块。至此，胥山名存而实亡。

胥山图

胥山留在嘉兴人的记忆里，据陆明先生回忆："我在三十多年前曾多次往游胥山，磨剑石和石龟都是亲眼所见。磨剑石在北峰下，旧志上说'长三四丈'，记忆中是一块很平整的巨石，中有一道极深的剑痕。石龟在山的东麓，据说阴雨天会爬行到山脚下的伍子塘边，喝几口水，再慢慢地爬回来。我见到石龟时，它的头颅已断裂了，自然再也不会'爬行'了。这个石龟，是自然形成的山石，没有人工斧凿的痕迹，长得这么形肖，难怪当地人把它看作'灵龟'。"[1]

也有人综合各类文献记载，用文字重现了胥山原貌："山上原有伍子胥墓、观音殿，山腰处有东岳庙和蚕花庙，山脚下则是伍相国祠，祠前方亭内还置有一碑，镌刻着伍子胥相国之功德；山之西有磨剑石，长三四丈，平整的巨石中有一条极深的剑痕；山的东面，一条宽约25米的伍子胥河潺潺流过，河上建有一座石板桥，名为'伍子塘桥'。"[2]

据当地老人介绍，每年农历二月十九、六月十九和九月十九，会有人上山祭拜，伍子胥、观音菩萨和蚕花娘娘共享人间的香火。这种信仰空间的组合，具有明显的嘉兴地方特色。胥山是嘉兴一带伍子胥信仰的缩影，而广泛流传于嘉兴民间的伍子胥传说，更强化了嘉兴与伍子胥的关联。2010年春，嘉兴市文化部门在全市范围内征

---

[1]　陆明：《记胥山》，《嘉兴日报》，2010年6月11日。

[2]　郑炜君：《胥山开发——探寻嘉兴端午文化之源》，《嘉兴日报》，2010年5月25日。

民间祭祀伍子胥

集端午习俗民间故事，共收到五十九则，编成《嘉兴端午习俗民间故事》出版，其中与伍子胥有关的有十多则。可见，嘉兴与伍子胥有深厚的渊源，这是嘉兴人在端午节纪念伍子胥的现实基础。

此外，嘉兴西郊洪合至今有国界桥，一桥分界两国，桥南为越，桥北属吴。嘉兴市城区有范蠡湖、西施妆台等古迹，嘉善有伍子塘，平湖有水仙庙，海盐有尚胥庙，海宁有海神庙，加上各种版本的吴越争霸故事，范蠡、西施传说，嘉兴的吴越文化积淀可见一斑。

吴越国界桥

[贰]嘉兴端午习俗溯源

端午节又称端五节、端阳节、五月节、五日节、五月五、天中节、天医节、龙舟节、卫生节、女儿节、龙舟节、粽子节、诗人节等。节日名称的纷杂多样，正可说明端午民俗内涵的丰富。不同的节日名称，从不同的侧面强调端午节的民俗意义。比如，天中节强调的是端午的时节意义，太阳运行至中天，阳气达到极盛。龙舟节、粽子节则分别突显端午期间最重要的竞技娱乐活动和最具节令色彩的食物。

关于端午节的起源，有各种说法。人们习惯于将端午节和地方名人联系在一起，将端午节看成是对某位地方先贤的纪念。据东汉蔡邕《琴操》记载，山西人民在五月初五纪念介子推。《后汉书·列女传》、《会稽典录》记载的孝女曹娥故事则表明，越中一带，端午日纪念的是投江觅父尸的曹娥。而在广西梧州，东汉苍梧太守陈临是当地人民在端午节那天纪念的对象。在各种"名人纪念说"中，以荆楚地区的纪念屈原和吴越地区的纪念伍子胥影响最大。

端午纪念屈原的说法始于六朝，梁吴均《续齐谐记》和之后宗懔的《荆楚岁时记》都有关于这一说法的记载。屈原"信而见疑，忠而被谤"，最终自沉而死的形象深入人心。端午纪念屈原的说法，在读书人中间影响很大。

从时间上看，伍子胥和端午发生关联比屈原要早二百多年。东汉末年，邯郸淳《曹娥碑》就有"五月五日，时迎伍君"的说法。伍子胥死后，尸体被投入江水，"吴人怜之，为立祠江上"（《史记·伍子胥列传》）。伍子胥死后不仅受到吴人立祠纪念，还逐渐被神化，并在两汉时期成为潮神。《吴越春秋·夫差内传》写伍子胥被投尸江中之后，"随流扬波，依潮往来，激荡崩岸，势不可御"，俨然已经是潮神形象。不仅如此，民间还产生了迎潮神的仪式，曹娥的父亲曹盱就是在这种仪式中溺水身亡的。《曹娥碑》记得很清楚："孝女曹娥者，上虞曹盱之女也。……盱能抚节按歌，婆娑乐神，以汉安二年五

月时迎伍君，逆涛而上，为水所淹，不得其尸。"曹盱能"抚节按歌，婆娑乐神"，应该是地方巫师之类的人物。

嘉兴一带，历来把端午作为纪念伍子胥的节日。朱彝尊《午日吴门观竞渡》诗云："尽传迎伍君，不比吊三闾。"马学乾《烟雨楼观竞渡》诗云："不迎三闾迎伍相。"也有人认为，端午竞渡源于越王勾践，是对他操演水师的效仿。

闻一多先生则认为端午和屈原、伍子胥、越王勾践都没关系，而是源于吴越民族的龙图腾祭，是一个龙的节日。

近年来又有新的观点，认为端午节是由古越人的新年演变而来。总之，围绕端午节有各种不同的说法，令人莫衷一是。

其实，要追溯端午节的源头，首先要了解古人朴素的世界观，关于农历五月，关于五月五日，古人一致的看法是"恶月"、"恶日"。《礼记·月令》记载："是月也，日长至，阴阳争，死生分，君子齐戒，处必掩身，毋躁，止声色，毋或进，薄滋味，毋致和，节嗜欲，定心气，百官静，事毋刑，以定晏阴之所成。"进入五月，危机四伏，需要处处小心。在先秦时期，五月五日就是个不祥的日子，孟尝君恰巧生于此日，差点被父亲遗弃，是母亲偷偷将其养大成人的。按《风俗通》的解释："五月五日生子，男害父，女害母。"五月甚至不能造房子，《风俗通》说："五月盖屋，令人秃头。"在这个月盖房子，头发就要掉光，可见五月的强大杀伤力。

因为是"恶月"、"恶日",所以就要在如何"除恶"上想办法,最初的端午习俗就是缘此而产生的,其中的一部分一直保留到今天。《大戴礼》载:"五月五日,蓄兰为沐浴。"古人认为兰草有被除不祥的功效。《夏小正》则载:"此日蓄采众药,以蠲除毒气。"这些驱恶辟邪的措施发展成相当的规模,包括为今天的人们所熟知的挂艾草菖蒲、饮雄黄酒、采药制药、系五色丝、穿五毒衣等。至于龙舟竞渡,按照江绍原的说法,其原意是送灾除瘟,也与端午节驱恶辟邪的主题相吻合。屈原、伍子胥等历史人物与端午节产生联系,显然是端午节日内涵扩大后发生的事,与端午的起源没有关系。

嘉兴地方史志中的记载也符合一般的看法,嘉兴百姓视五月为"恶月",端午为"恶日"。万历《秀水县志》:"五月谓之恶月,禁吊丧问疾诸不祥之事。"嘉庆《桐乡县志》:"五月俗称为恶月,多禁忌。"《古禾杂识》等地方文献中亦有类似记载。由此可见,嘉兴端午习俗亦遵循驱恶辟邪的主题。

唐代嘉兴籍诗人殷尧藩写过一首七律《端午日》:"少年佳节倍多情,老去谁知感慨生。不效艾符趋习俗,但祈蒲酒话升平。鬓丝日日添白头,榴锦年年照眼明。千载贤愚同瞬息,几人湮没几垂名。"此诗所描述的很可能就是嘉兴过端午的情景。榴花盛开的季节,喝蒲酒,插艾符,感叹生命不永,佳节难得。这是与嘉兴相关联的关于端午习俗的最早记载。宋代,有林景熙的《五月五日寓嘉禾学宫顾东浦载酒相遇二博士偕来饮就醉翌日留诗为别》："嘉禾古三辅，积水何苍茫。旧游梦历历，况此逢端阳。束艾肖人形，倾葵抱天常。萧萧老逢掖，得依夫子墙。鸳湖无五月，宿雨生微凉。客从东浦来，手持紫霞觞。采蒲泛纤玉，沃我书传香。殷勤两博士，杂出肴与浆。书囊谈未了，一醉齐彭殇。酒醒忽不乐，起看北斗芒。岁月感疏鬓，风烟渺殊方。明当理征棹，斜日鲈鱼乡。"又有海宁籍词人朱淑真的《端午》："纵有灵符共采丝，心情不似旧家时。榴花照眼能牵恨，强切菖蒲泛酒卮。"可见，宋代嘉兴的端午习俗大致承续唐代的遗风，主要事象集中于蒲酒、艾符、彩丝等。明清以后，由于经济的发展、商业的繁荣、市民社会的兴起，嘉兴端午民俗活动达到鼎盛。另一方面，明清两代存留至今的地方文献远较唐宋时丰富，地方志、笔记等或官修或私撰的著述中记录了大量嘉兴端午习俗信息，完整地体现了嘉兴端午习俗的独特风貌。

嘉兴本地学者的研究表明，嘉兴端午习俗的流变大致经历了三个阶段。"第一阶段从四五千年前至秦汉时期，以原始龙图腾信仰为核心，秉承仲夏禁忌这一端午本义，即作为驱瘟禳灾，避恶除病的节日，这是嘉兴端午的雏形。第二阶段是由汉末至魏晋南北朝时期，上古传说和记忆逐渐出现了历史化、伦理化的倾向，与端午有关的一些历史人物的传说开始见于记载。'端午祀伍'一直是嘉兴端午的主要习俗，表现出由禁忌向历史化、伦理化的倾向转变。第三阶段自隋唐至宋元明清时期,嘉兴端午习俗的核心元素在唐宋已有较完备的体现,诸如过端午的重要内容食粽、竞渡、插艾、泛蒲、捕蟾、悬钟馗、吃'五黄'、跳'傩戏'、佩'健人符'等。至明清时端午习俗活动达到鼎盛,很多由来已久的节日元素,至此达到'家家如是'的地步。"[1]

---

[1] 富华:《嘉兴端午习俗的文化特质及其传承机制》,《寻觅中国端午文化魂脉:中国端午习俗国际学术研讨会(嘉兴)论文选》,杭州:浙江大学出版社,2011年。

二、衣食住习俗

吃粽子、食五黄，挂艾草、菖蒲、大蒜，佩香囊、穿老虎衣，独特的衣食住习俗是嘉兴端午习俗中不可或缺的一部分。

二、衣食住习俗

[壹]饮食习俗

　　节日饮食是节庆活动中不可或缺的组成部分。不同的传统节日，都有标志性的饮食习俗与之相适应。《尚书·洪范》称"食为八政之首"，《管子》则说"民以食为天"。中国人讲究顺天应时，饮食

端午美食

也与自然节序相呼应，孔子甚至说"不时不食"，即不吃违背时令的食物。端午节也是一个"吃"的节日，专属于这个节日的某些食物要是没吃，那是不算过节的。在嘉兴过端午，粽子是第一大节日美食，另外还要食"五黄"，吃蒜头、豆腐、煨蛋等。

1. 吃粽子

正月踢毽子，

二月放鹞子，

三月清明做圆子，

四月养蚕采茧子，

五月端午裹粽子，

六月买把花扇子，

七月吃莲子，

八月剥瓜子，

九月造房子，

十月对帖子，

十一月借顶花轿子，

十二月里讨个花娘子。

这首《十二月风俗歌》在嘉兴一带广泛流传，按月排比，每句以

"子"结尾，连缀了一年十二个月典型的民俗事象。各地的版本，字词稍有出入，但提到五月，一致是"五月端午裹粽子"。

粽子在嘉兴端午饮食体系中占有重要位置，随着时代的推移，部分端午饮食习俗已逐渐淡出人们的生活，唯有粽子始终与端午节相伴相随。端午节，有时直接被称为粽子节，可见端午与粽子的密切关系。古谚云"不食端午粽，寒衣不可送"，在时节转换之际，粽子是最重要的象征。

粽子古称角黍，"粽"是俗字，原字作"糭"。早在春秋时期，人们就学会了将水和米盛于竹筒，或蒸或烤，烹熟食物的方法，这是筒粽的源头。下一阶段的粽子，由筒粽发展而来，筒口被塞住，筒身由五色丝线缠缚。传说，之所以如此，是屈原的主意。东汉建武年间，屈原托梦给长沙人欧回（一作欧曲），让他改良粽子的形制，以免蛟龙窃食。屈原说："今若有惠，可以楝树叶塞上，以五色丝转缚之，此物蛟龙所惮。"黄石《角黍考略》拨开神话传说的迷雾，如此解读："吴均的传述，倒是代表了角黍演进的第二期，即拿楝叶堵塞竹筒的口，并拿五色线裹扎。后世不明转变之故，因幻作一段神话，说是遵屈原之嘱，以惕蛟龙。屈大夫生而为英，死当为鬼雄，就令蛟龙争食，岂有争而不胜之理？那白日见鬼的欧回（或欧曲）显然是发明改良粽子制法的无名英雄无疑了。"接下来，粽子脱掉竹筒的粗笨外衣，改由树叶、竹叶或芦苇叶包裹，其形制已接近今天我们所见到的粽子。由于史书缺载，不能确定这一转变发生于何时。但"角黍"的名称，透露了一定的信息。角者，有棱有角之谓也，筒粽无棱无角，严格来讲不能称为角黍，用叶子包裹的粽子，棱角分明，才真正符合"角黍"之本意。黄石《角黍考略》："考'角黍'之名见于载籍者，大概以宗懔《荆楚岁时记》和周处《风土记》为最早。"这可说明，在魏晋南北朝时期，筒粽也许没有完全退出历史舞台，而有棱角的粽子已经出现。

唐宋时期，粽子成为端午节流行的美食和馈赠礼品，不仅家家要做，市面上也有各种米粽出售。唐代诗人郑谷写道："渚闹渔歌响，风和角粽香。"唐明皇吃了"九子粽"，赞不绝口，吟出了"四时花竞巧，九子粽争新"的诗句。唐代粽子有锥形、菱形等各种样式，流传到日本，成为时尚，日

粽担

本文献中有"大唐粽子"的记载。宋代有"蜜饯粽"，苏东坡说"时于粽里见杨梅"，看来也别具风味。令人惊叹的是，宋朝人还用粽子堆成亭台楼阁、木车牛马的形状做广告，以招徕顾客。元明以降，粽子的品类更加丰富，也更接近今天的口味，豆沙粽、猪肉粽、松仁粽、蜜枣粽、胡桃粽等已经出现。李时珍《本草纲目·谷部四》认为粽子不仅是节日美食，还是药膳食品，具有养生价值。

嘉兴有七千年的稻作生产历史，嘉兴人种稻食米，讲究精耕细作，食不厌精，作为嘉湖细点典型代表的嘉兴粽子更是内外兼修、精益求精，是享誉海内的地方美食。嘉兴历来有端午食粽的风俗，明万历《秀水县志》载："端午，贴符，悬艾，啖角黍，饮蒲黄酒。"清项映薇《古禾杂识》卷一记端午风俗云："是日食角黍。"

按形状分，嘉兴粽子主要有三角粽和四角粽，四角粽又称枕头粽。嘉兴本土居民多包四角粽，绍兴等地的外来移民多包三角粽。三角粽较小，重量一般不超过100克；四角粽较大，重量一般在150克以上。主料是糯米，可以在糯米里面填以各种馅料，制成风味各异的粽子，嘉兴人常吃的粽子有红枣粽、赤豆粽、蚕豆粽、黄豆粽、肉粽、蟹黄粽、蛋黄粽、火腿粽、笋干粽等。在生活条件较差的年代，寻常百姓家吃得更多的是不加馅料的灰汤粽和白水粽。灰汤粽的制法如下："选比较好的稻草（不腐烂，没经过发酵，颜色青黄，梗硬实，有亮泽）或者老蚕豆壳、桑树条烧制成灰。然后将灰用纱布包住放盆里用热水浸泡，待沉淀后滤出清水待用。取少量灰汤水泼入糯米里搅拌均匀，然后用来包粽子。粽子包好后放锅里，将剩余的灰汤水倒入锅里煮三个小时，之后再焖三个小时就好了。"[1]粽子放在灰汤里煮，是一种古老的烹制方法，《玉烛宝典》引《风土记》云："先此二节（指端午、夏至）一日，又以菰叶裹黏米，杂以粟，以淳浓灰汁煮之令熟，二节日所尚啖也。"白水粽则是直接在清水里煮熟，由于未加任何馅料与辅料，需要蘸着白糖吃。

制作粽子的第一步是选择粽叶。嘉兴地区，一般用箬叶，也有

箬叶

[1] 李亚妮、张金荣：《南湖区端午习俗调查报告》，《中国端午节·嘉兴卷》，桂林：广西师范大学出版社，2013年。

用芦苇叶、菰叶、蒿秧的。清周广业《宁志余闻》载："五月五日为端阳，用芦叶包糯米曰粽子，即角黍遗制也。"所用的即是芦苇叶。有些地方用菰叶，据杨树本《濮院琐志》载："（清代濮院地区）取菰叶裹米作角黍，俗名茭孃粽。"端午时节，湖塘中蒿秧很盛，嘉善丁栅一带的人们便采来新鲜的蒿秧裹粽子。过去有些地方也用笋壳，南湖区新丰一带，有人用荷叶，但比较少见。以最常用的箬叶为例，要选用老嫩适宜、长宽合度的叶子作为粽叶。太老了，叶片没有清香，太嫩了容易破裂，太短或太窄，不适合包裹。粽叶不论是陈年的还是新采的，使用前都要浸泡蒸煮，以使其柔韧易卷，不易破裂。

端午是享用粽子的日子，包粽子则要提前一两天。先要淘洗糯米，洗净后浸泡一段时间，有些地方省去浸泡环节，控干水分，晾置四五个小时。根据自己口味，将糯米和馅料、调料和在一起拌匀，放置十五分钟左右，待其入味，就可以包裹了。

包粽子的过程与方法如下：大粽叶一张，或小粽叶两张，捋平，光面朝上，由粽叶根部向里侧折，形成圆锥形空间，放入适量调好的糯米和馅料，余下的粽叶朝此区域弯折，将其盖严。然后用线绳缠缚，捆扎牢固，注意最后要留活结，方便食用。

早先裹粽子，一般用稻草缠系。嘉兴是种植水稻地区，稻草最容易得到。上一年收割完水稻，挑选长而结实的稻草，捆扎起来，晒干备用。使用前先要将稻草放入水中浸透，以使其有足够的韧性。

裹端午粽

一个粽子，两根稻草就够了，不必太多。有些地方也用麻绳。现在一般用棉线，棉线细且牢固，存放方便，还能反复利用，是理想的缠系材料。也有用塑料绳的，但塑料绳煮后会掉色，有气味，不卫生。随着人们健康观念的提升，塑料绳的使用并不普遍。要是包裹的粽子有几种口味，可以用不同颜色的棉线或材料缠系，以示区别。

　　煮粽子也很有讲究。粽子放到锅里，加水漫过，用文火烧煮，烧一段时间后转焖，焖后再烧，反复几次，粽子才能熟透。水加得不够，或者用火不对，或者太急于求成，粽子都可能煮成夹生。有些地

煮粽子

方，晚上睡觉前开始煮，一直焖到第二天早上，粽子自然就熟了。

从前期准备到最后出锅食用，要花费一两天时间。因此，一次要尽量多做些。吃不完的粽子可以分赠亲友邻舍。粽子不易腐坏，嘉兴乡间，常把煮熟的粽子扎成串，挂在阴凉通风处，随时取食，凉吃或加热后再吃都可以。现在家家户户都有冰箱，粽子的保存更不是问题了。

端午粽不仅是节日美食，还承担着另外的功能。比如在平湖林埭镇，端午那天，粽子还用来祭灶。祭灶的仪式也简单，取两个煮好的粽子（一般是四角粽）放在灶头，有些人家也把粽子剥好，蘸上糖，请灶神爷享用。同时说一些吉利话，诸如"灶王公公保佑"、"小孩子年纪小说错话别怪他"、"大人如有错别怪他"之类。粽子有黏性，据说可以粘住灶君的嘴；蘸糖，目的是取悦灶君，让他上天只言好事，不说坏事。[1]

在老一辈嘉兴人心目中，端午节吃粽子，是头等大事。民谚说："不食端午粽，老来没人送。"中国人看重身后事，没有比孤独终老、无人送行更凄凉的了。粽子在人生礼仪、社会交往、祭祖祀神等方面都发挥着作用。女儿出嫁，娘家要裹粽子。老人做寿，生日前几天要裹粽子，分发给亲友。清明，要以粽子祭祖。夏至，小孩子要对

---

[1] 毕雪飞、马莉、王静然：《平湖市端午习俗调查报告》，《中国端午节·嘉兴卷》，桂林：广西师范大学出版社，2013年。

着桑树边吃粽子边说
"你痄，我不痄"，并
把粽叶缠在桑树上，经
过这番仪式，据说就
不会痄夏。粽子还和
蚕乡独特的望蚕讯风
俗有关。女儿出嫁第二
年，春蚕出茧时节，娘
家人要来探望，看看女
儿嫁到婆家后第一次
养蚕的成果。望蚕讯的
礼物中必有粽子，而且
要包得格外大，以示吉
利。另外，老人亡故后，
"五七"有解粽结的仪
式，晚辈跪在地上，用
嘴将粽结解开，以此化
解死者生前的"结"，
使死者的灵魂得到
解脱。

粽香

2. 食五黄

嘉兴地区过端午有食五黄的风俗。五黄,指五种带"黄"的食物。不同地区,五黄的组合略有差异,通常是黄鱼、黄鳝、黄瓜、黄泥蛋(咸鸭蛋)和雄黄酒五种。有些地方,也把黄豆、豆干或黄豆芽当成五黄之一。

五黄是针对五毒的,五毒指的是蛇、蜈蚣、蝎子、壁虎和蟾蜍。

农家五黄

人们认为,蛇怕雄黄,蜈蚣怕咸鸭蛋,蝎子怕黄瓜,壁虎怕黄鳝,蟾蜍怕黄鱼。两两对应,有一物克一物的意思。人们相信,端午节吃过五黄,就能避免毒害,保障身体健康。

更深一层来看，五与黄在端午这一天发生关联，与古人的五行观念有关。《尚书·洪范》："五行，一曰水，二曰火，三曰木，四曰金，五曰土。"在金木水火土五行中，五与土对应。按照五行思想，五行与五色也有对应关系：木代表青色，火代表红色，土代表黄色，金代表白色，水代表黑色。五与黄的这种对应关系，是五月初五端午节食五黄的来由。[1]

"五月五，买条黄鱼过端午。"端午节早晨逛菜场，多半能听到卖鱼商贩这样的吆喝。端午吃黄鱼由来已久，明谈迁《海昌外志》就有"午日，……炙（啖）石首鱼"的记载，石首鱼即黄鱼。乾隆《乌青镇志》也载："馔具多用黄鱼。"端午前后，黄鱼正肥，吃惯了淡水鱼的嘉兴人正好可以换换口味，尝尝鲜美可口的海鱼。黄鱼肉质细嫩，一般都是整条烹制，红烧清蒸两相宜。

经过一个冬天的蓄养，一个春天的复苏，加上天气转暖，食源丰富，端午时节的野生黄鳝格外肥壮，不但味道鲜美，食之还有强身益体的功效。据古代医书记载，食用黄鳝可以补虚损，除风湿，强筋骨。民间素有"端午黄鳝赛人参"的说法。平湖地区，还流传着这样的传说：观音来到人间，看到当地百姓生活贫苦，面黄肌瘦，干活无力，于是拔几根头发扔进田里，变成黄鳝，给人们补充营养。当地

---

[1] 刘晓峰：《海盐县端午习俗调查报告》，《中国端午节·嘉兴卷》，桂林：广西师范大学出版社，2013年。

人甚至相信，清代城里人不能吃黄鳝，要留给干活的乡下人吃。

黄瓜在民间被称为第一瓜果。四季转换，在众多瓜果中，黄瓜先于其他瓜果上市，五月即可尝鲜。端午时节的黄瓜，清脆爽口，鲜嫩多汁，可以直接生吃，也可凉拌。黄瓜其实多为绿色，因为名字中有个"黄"字，遂入选为五黄之一。

黄泥蛋一般以鸭蛋为原料，少用鸡蛋，其制法是：从野地里取来干的黄土，揉碎，先用网筛筛一遍，筛出的泥粉备用；泥粉中调入盐水，搅成糊状，鸭蛋在泥糊中滚过，取出放入器皿（一般是中小号的甏），密封；十天半个月以后即可食用。腌制时间长了，蛋黄出油，特别美味，但蛋白可能太咸。吃前先将裹覆于蛋壳的黄泥洗净，然后将蛋放入水中煮熟。吃法也有讲究，不将蛋壳全部剥除，只敲开一头，用筷子挖取。吃完，蛋壳形状还在。喜欢恶作剧的顽童，将蛋壳放在鸭蛋中间，还能以假乱真。也有不用黄泥，而用稻草灰的，称灰鸭蛋，制法与黄泥蛋略异。如何制作不重要，重要的是里面的蛋黄。腌制后的鸭蛋蛋黄呈金黄色，这也是咸鸭蛋成为五黄之一的原因。秀洲区王江泾镇有句俗语："端午吃个蛋，力气长一万。"嘉兴人认为端午节吃蛋，对身体有特别的补益作用。以前生活困难，不能保证每个家庭成员都能吃到整个蛋，两人或四人分吃一个蛋的也有，每个人多少吃一点，分享美味与力量。

雄黄酒是五黄中的元老，历史悠久，近年来随着雄黄有毒的科学知识的普及，百姓已经不再食用。雄黄酒脱离餐桌五黄造成的空缺，由黄豆、豆腐、豆芽之类的食物来填补。顾禄《清嘉录》记载："研雄黄末，屑蒲根，和酒饮之，谓之雄黄酒。"说明雄黄酒是由雄黄、菖蒲加酒调和而成。实际上，雄黄是后加入的，原先纯为菖蒲酒。古人早有端午泛蒲的习俗，《荆楚岁时记》就提到"端午以菖蒲，或缕或屑泛酒"。端午泛蒲，特别受到文人的青睐，诗歌文章中常有提及。唐代嘉兴诗人殷尧藩有"不效艾符趋习俗，但祈蒲酒话升平"的诗句。宋元以前，未见雄黄入酒的记载，入明，始有雄黄酒之名，有时与蒲酒并称。刘若愚《明宫史》记明代宫中风俗云："初五日午时，饮朱砂、雄黄、菖蒲酒。"明万历《嘉兴府志》、《秀水县志》都只提及菖蒲酒，未提及雄黄。李日华《味水轩日记》多次提到端午日泛蒲，《日记》卷六记万历四十二年端午事："五日，蚤行四十里，天始明。至崇德，买茭首、蒲根。索从者篚中，适得雄黄数块，碾之，与卫伯泛蒲于石门湾，抵家暮矣。"其中说到雄黄碾碎后入酒，与顾禄提到的制法同。或者因为文人爱用雅称，或者因为习以为常的称谓，饮用加入了雄黄的蒲酒，仍称泛蒲。清代嘉兴地方志书，多是雄黄、菖蒲并称，最常见的说法是"饮雄黄、菖蒲酒"，乾隆《海盐县图经》直接称"饮雄黄酒"。光绪《嘉善县志》说"置雄黄于蒲酒中"，则表明雄黄的后来者身份，以蒲酒为正宗。民国《秀水县志》合菖蒲、雄黄之名，称"饮蒲黄酒"，兼顾二者。

　　从近年的"非遗"普查和端午习俗调查来看,嘉兴一带,雄黄酒中只有雄黄,再无菖蒲。制法也比较简单,从中药店买来雄黄粉,兑入白酒即成。不是满口喝,轻抿两下,意思到了就行。小孩子至多碰碰嘴唇,不会真喝。

　　雄黄又名石黄、鸡冠石,性温,味苦辛,有毒,具有燥湿、杀虫、解毒的药用功能。古人早就发现雄黄的药用价值,并在端午日用雄黄驱邪祛毒。田汝成《熙朝乐事》记载明代杭州风俗,端午那天,"医家亦以香囊、雄黄、乌发油香送于常所往来者"。而雄黄酒,也不限于饮用。饮剩的沉淀物,用来给孩童额头上写"王"字。

大人正为穿五毒衣的小孩点雄黄

嘉兴一带，这一习俗一直延续至今天。雄黄写成的"王"字，能保护孩童不受毒虫的伤害。有些地方，除了在额头上写"王"，还要在孩童身体其他部位如耳朵、肚脐等处涂上雄黄。雄黄酒还用于给居所消毒。

实际上，端午饮酒之风自古很盛，所饮亦不限于菖蒲酒、雄黄酒。《金门岁时记》云："洛阳端午作术羹，艾酒。"还有喝朱砂酒之类，喝普通酒的也很多。古人还常在端午日以酒相赠，相沿成俗，官员之间，其风尤炽。宋代一位知州，一次给他州首长送酒九百余瓶。宋熙宁间，朝廷甚至下诏书，禁止端午赠酒。民间也有端午饮酒之俗，金人刘从益在叶县做县令，为当地百姓做了很多善事，年四十四，以疾卒，"叶人闻之，以端午罢酒为位而哭"（《金史》卷一二六《刘从益传》）。也就是说，如果不是父母官病逝，是要好好畅饮一番的。如今的嘉兴端午家宴，席面上也少不了酒，不常饮酒的家庭成员，也要在这一天端起酒杯，抿上几口。

3. 吃豆腐

在嘉兴地区，端午节还有吃凉拌豆腐的习俗。用的是嫩豆腐，因为老豆腐不适合凉拌。制法也比较特别，用咸鸭蛋蛋黄和大蒜末调味，不用酱油。之所以如此，和养蚕禁忌有关。酱与僵谐音，蚕农养蚕，最忌僵蚕，所以端午节食中不用酱油。平时用到酱油时，老一辈养蚕人，就以"颜色"等替代语称之，不直接道出酱油之名。今天

的年轻人，当然已无此讲究。秀洲地区，称这种凉拌豆腐为"脑子豆腐"。据当地人讲，端午节吃这种豆腐，使人有头脑，聪明。这种说法，有文献记载可资佐证。杨树本《濮院琐志》记载端午节俗云："食豆腐，俗谓补脑。"平湖地区的说法是，吃这种豆腐表示死去有人陪。

4. 食大蒜

端午食蒜之俗由来已久，宋胡古愚《树艺篇》云："（大蒜）归五脏，久食伤人，损目明，五月五日采。"大蒜辛辣、刺激，有驱邪解毒的功效。嘉兴地区有句俗语："五月不吃蒜，鬼往门底走。"强调五月要吃蒜，否则鬼要找上门来。大蒜可以拌在豆腐里面吃，也可以腌着吃、煨着吃。平湖地区有这样一个传说："古时人们有的用牛犁田，有的用踏车犁田，而且田地远的人还需要中午带饭。观音在天上看到一只蜈蚣跑进了饭里，在里面产卵，想着到时候要救救农民。到农民吃饭时，就叫人们用腌渍的蒜头拌饭，饭后肚子一点也不痛。"[1]煨大蒜，是把整个大蒜放在火盆的草灰里，利用火的余温煨熟。现在，火盆早已废弃不用，煨大蒜也少见了。据《濮院琐志》载，端午吃煨蒜，有强身固本的功效，"使不泄溺"。

---

[1] 毕雪飞、马莉、王静然：《平湖市端午习俗调查报告》，《中国端午节·嘉兴卷》，桂林：广西师范大学出版社，2013年。

5. 吃煨蛋

家中熏烟消毒后，将鸡蛋或鸭蛋放入火的余烬中煨熟，给孩子吃，可以增强孩子体质，使他们不容易得病。桐乡、海宁地区，还会在煨蛋里面加入蜘蛛，叫作蜘蛛煨蛋，清凉解毒。孩子食用后，夏天不易起痱子，生疥疮。丰子恺在《端阳忆旧》中记录了蜘蛛煨蛋的做法及吃法："买许多鸡蛋来，在每个的顶上敲一个小洞，放进一只蜘蛛去，用纸把洞封好，把蛋放在打蚊烟的火炉里煨。煨熟了，打开蛋来，取去蜘蛛的尸体，把蛋给孩子们吃。"[1] 熟蛋剥去蛋壳，一般只吃蛋，不吃蜘蛛，也有胆大无畏的孩子，将蛋和蜘蛛一起吃下去。桐乡一带，还有癞蛤蟆煨蛋，据说此法是吴越争霸时范蠡的创造。五月间，吴越两军在石门一带大战，越军败走，退守含山。雨水连绵，军中缺粮，很多人生病，长疥疮。范蠡教大家把癞蛤蟆内脏挖去，再往癞蛤蟆肚子里塞入鸟蛋，放在火堆上烘烤。大家饱食一顿，身上疥疮全消退了。越军重整旗鼓，打败吴军，这一天正好是农历五月初五端午节。当地人采用范蠡的做法，用癞蛤蟆煨蛋，给小孩吃。不仅吃蛋，煨熟的蛤蟆肉也吃。关于端午吃癞蛤蟆，桐乡地区有这样一则传说：

从前浙北平原有一大地主，长得尖嘴猴腮，一双蛤蟆眼。人很

---

[1] 丰子恺著，丰陈宝、丰一吟编：《丰子恺文集》(6)"文学卷二"，杭州：浙江文艺出版社，1992年。

坏，佃农们背后叫他"王剥皮"。

王剥皮骗一个孤苦的小姑娘到他家做使唤丫头，小姑娘不小心打碎了一只碗，被王剥皮痛打，赶出家门，小姑娘被冻死了。

第二年春天，王剥皮浑身长满了疥疮，几位郎中都医不好。挨到四月底，王剥皮死了，家人埋葬了他。被王剥皮欺侮过的乡亲不解恨，相约掘其坟。

打开棺材，里面跳出一只大癞蛤蟆——王剥皮变的。众人打死癞蛤蟆，剥了皮，扔了。众人离开。这一天是五月初五端午节。

几个叫花子经过，见到有剥了皮的癞蛤蟆，煮食之。几天后，其中两个浑身长满疥疮的小叫花子疥疮结了疤，痊愈了。

人们得知五月五吃癞蛤蟆能治疗疥疮。每逢端午，都去捉癞蛤蟆给小孩子吃，小孩子在这一年里果然不长疥疮。[1]

6. 吃豆子

端午，还有吃豆子的习俗。光绪《梅里志》载："端午日，……吃炒豆，谓之嚼早蚕。"说明此俗与蚕桑生产有一定的关系。又有雄黄豆，它和雄黄酒一样，原来也在端午日食用，因为雄黄有毒，20世纪80年代以后，逐渐退出了嘉兴端午食俗。雄黄豆的原料是雄黄和蚕

---

[1] 杨秀：《桐乡市端午习俗调查报告》，《中国端午节·嘉兴卷》，桂林：广西师范大学出版社，2013年。

豆。端午时节，蚕豆完全成熟，与雄黄同炒，极美味。制法是：锅中先炒蚕豆，快要熟时调入雄黄水，再炒几下出锅。据说端午节吃雄黄豆，可以防蚊虫叮咬。

7. 吃白肉

嘉善有些地方，端午节有吃白肉的习俗。将整条的猪肉，放在清水中煮，不加任何调料。煮熟后切成块，蘸酱油吃。有些地区，将端午食品归纳为"三黄五白"或"五黄六白"，嘉兴地区重"黄"轻"白"，有五黄的名目，没有五白、六白的称谓。白肉只是白肉，没有和其他白色食物（米饭、豆腐等）合为几白。

8. 吃青蛇

大约在20世纪50年代以前，桐乡人还有端午日中午吃青蛇的习俗。乌镇八十四岁的徐长英老人回忆，早年间，青蛇很多，"竹林里，河滩边，多死呀"。端午日早晨去抓条青蛇回来，"头这里切掉么，皮拨下来，算是条鳝鱼"，烧时，"放点小菜，吃起来同鳝鱼一样好吃呀"。[1]青蛇和蜘蛛、癞蛤蟆一样，也有清热解毒的功效。

此外，寓意吉庆的糕点如定胜糕、当季时令蔬菜如苋菜等，也是嘉兴部分地区的端午节日食品。

---

[1] 杨秀：《桐乡市端午习俗调查报告》，《中国端午节·嘉兴卷》，桂林：广西师范大学出版社，2013年。

[贰]居住习俗

端午是恶日，人们的居住环境中，布满不祥之气。祛除不祥，需要一系列手段，由此发展出特有的端午居住习俗。在这类习俗中，有些是纯巫术的，有些符合现代健康卫生观念，更多的是两者的结合。习俗中既有巫仪的成分，又在一定程度上发挥着实际的杀菌消毒除害作用。嘉兴地区的端午居住习俗，有与全国其他地方的相通之处，又有显著的地方特色。

1. 挂艾草、菖蒲、大蒜

在人们的观念中，有些草木有神奇的功能。当危险在暗中蕴积，触摸不到，嗅闻不着，人们无法靠自身的能力与之搏斗，这时可以依靠草木的力量。艾草、菖蒲、桃枝、大蒜等，都属于有特异功能的草木。大约到宋代，人们已在端午节用艾草、菖蒲辟邪了。这两种植物，从两个方面发挥作用。黄石《端午礼俗史》说："蒲象征斩妖剑，艾是治病圣药，配合并用，可收双管齐下之用。"《越谚》中收录了一副对联："菖蒲作剑斩八节之妖魔，艾叶为旗招四时之吉庆。"一为驱邪，一为招福，相辅相成。

嘉兴端午，有在门户上悬挂艾草、菖蒲的习俗，康熙《嘉兴府志》卷十"风俗"载："端午，艾旗蒲剑悬于门。"异于别处的是，还要悬挂大蒜头。为什么要挂这些，民间的看法是，菖蒲像古代的宝剑，艾草像马鞭，大蒜头像武士用的铁锤，都是兵器，能够斩妖除

艾叶

卖蒲艾的老人

魔,镇宅辟邪。菖蒲、艾草、大蒜通常是悬系在门框上,也有系挂在床上的,夏辛铭《濮院志》卷六"风俗"载:"以蒲艾系于床,以辟邪。"丰子恺在散文《端阳忆旧》中也提到:"端午的早晨忙于制造蒲剑,向野塘采许多蒲叶来,选取最像宝剑的叶,加以剑柄,预备正午时和桃叶一并挂在每个人的床上。"[1]

蒲艾辟邪

[1] 丰子恺著,丰陈宝、丰一吟编:《丰子恺文集》(6)"文学卷二",杭州:浙江文艺出版社,1992年。

具体做法是：用红绳将艾草、菖蒲、大蒜捆缚成一束，横挂于门框上方，或者竖挂于门框上方一侧。一般人家，只在出入的大门上挂；少数人家，家中每扇门上都挂。以前，驱邪避害工作做得周全的人家，床上也要挂。挂的时间也有讲究，中午十二点以前要挂好，俗信认为，午时邪气最盛，要在邪气到达顶点之前做好防卫工作。挂好以后，不会一过端午就取下来，通常要挂一段时间，最长的要挂一年，第二年端午取下来做霉烟，熏房子，换新的一束挂上去。

　　相传，端午挂艾草起源于黄巢，全国很多地方都有这个说法，故事大同小异。嘉兴版是这样的：唐代末年，黄巢起兵造反，从山东、河南、安徽一路杀到江浙一带，兵临嘉兴城下。嘉兴城内百姓纷纷逃难出城。难民队伍中，有一个中年妇人，带着两个孩子，手拉一个，怀抱一个，仓皇寻路，引起黄巢注意。询问之下，得知妇人手拉的是亲儿，怀抱的是邻居家的孩子。妇人说："要是被黄巢追上，宁可舍上亲儿性命，要留邻居一根独苗。"黄巢听后深为感动，对妇人说："大嫂请放心，黄巢杀富济贫，不会伤害贫苦百姓。"妇人说："听说黄巢青面獠牙，两条眉毛连在一起，有三个鼻孔，是个吃人的妖怪。"黄巢哈哈大笑说："你看我有几个鼻孔？"随后表明了自己的真实身份。妇人吓得倒退几步。黄巢说："大嫂，不要怕。你爱邻居的孩子，我黄巢爱天下的百姓。"黄巢见路边长着艾草，便顺手拔起几株，对妇人说："快快回城，传话给嘉兴百姓，门前只要悬挂艾草，黄巢军士秋毫无犯。"妇人依言而行。第二日，正好是端午节，嘉兴城内，贫苦百姓人家，户户悬挂艾草。黄巢义军进城，杀了民愤极大的州官和土豪恶霸，开仓放粮，百姓欢呼。从此以后，端午节挂艾草相沿成俗。

南湖区还有另一个故事。说是有一年，皇帝派来一名官员，出任当地父母官。不料，这个官员鱼肉百姓，残酷盘剥，使当地民不聊生。为了防止百姓反抗，还将所有的铁器收缴上去。百姓忍无可忍，在端午节那天，杀掉了这个可恨的官员。因为天气热，尸体很快腐烂发臭，百姓人人口嚼大蒜，遮掩气味，骗过了朝廷派来的调查人员。当地人担心被杀官员的鬼魂回来骚扰，便在门前挂起艾草、菖蒲和大蒜。

以前，荒滩上，河岸边，到处可见野生的艾草和菖蒲。现如今，随着城市的扩张，乡村生态的改变，艾草和菖蒲已经不那么多见了。现代人过端午，也不自己动手采艾草、挖菖蒲，而是直接去市场买。小贩各取二三艾草、菖蒲和大蒜扎成一束，一束卖一两块钱。

除了艾草、菖蒲、大蒜外，还有用桃枝、柏枝、木通草、野荽秧、观音草的。不一定每样都用，往往根据当地习惯或取材的方便与否，有选择地使用。使用这些草木，一般出于两种考虑，一是辟邪气，一是驱蚊虫。艾草、菖蒲、大蒜的组合，兼具两种功能。而像桃枝、柏枝，主要则是辟邪驱鬼。木通草、观音草等，散发特别的味道，能驱

赶蚊虫。历史上,还有另外一些做法。嘉庆《嘉兴府志》说:"瓶插桃榴、葵艾,以禳毒气。"所用植物不仅与今日有异,而且不是将它们悬挂于门楣,而是插在瓶中。

2. 挂符像

端午日恶气缭绕,用菖蒲、艾草、大蒜、桃枝、柏丫似乎不能完全抵制,还需要特殊的符像。万历《嘉兴府志》记端午节风俗云:"家悬神符,瓶插葵艾。"早在明代,嘉兴地区过端午节,就有挂神符的习俗。康熙《海宁县志》云:"各家贴符于堂,或悬真人、钟馗像以辟邪。"周广业《宁志余闻》云:"削菖蒲为剑,悬户上,门堂张设天师、钟馗像。先是,僧尼绘印诸色符箓,名端午符,分送檀施,是日亦按户悬之。"2002年版《石门镇志》载:"农历五月初五日称端午节(又称端阳),旧时僧道挨户送钟馗或张天师像,贴在中堂或大门上,送符贴在门堂以驱妖辟邪。"此俗历清代、民国相沿不改,传至今日。

符是从庙里请来的,或者由当地寺观的和尚、道士送到家中,百姓收到符后,要回赠一些米面。桐乡地区的赠物更为讲究,"可以送几个用蚕茧做成的棉兜,也可以等秋收后再送点什么做回馈"[1]。符通常是一张黄纸,上面画着神秘的字符和图像,图像可以是天

---

[1] 杨秀:《桐乡市端午习俗调查报告》,《中国端午节·嘉兴卷》,桂林:广西师范大学出版社,2013年。

灵符

师、钟馗，也可以是魁星、大蒜头、桃树枝等。

旧时农村，寺庙遍地，几乎每个村都有自己的村庙。以海宁地区为例："各个村的庙都有自己的庙界。虽然在兴福村中有兴福寺，在兴城村中有管城庙，在陆泽村中有陆泽庙，但其庙界不是按照现在的行政村来划分的。比如陆泽村虽然大多是由陆泽庙的和尚发符的，但有一些来陆泽庙上香的兴城村和泰山村的人，也属于陆泽庙和尚发符的对象。一般情况下是不允许跨庙界去发端午符的，而且村民也非常清楚自己属于哪个庙管的，并且这种归属决定了村民去世以后亲人应该到哪个庙去上香的问题。"[1]

农村寺庙众多，所制的符也各不相同。据海宁兴城村杨锡奎介绍，兴城村管城庙的端午符比其他寺庙的要大而考究。"管城庙的符约有50厘米长、30厘米宽，一般的只有30厘米长、20厘米宽。而且管城庙的端午符图案是张天师神像。张天师身穿道袍，头戴瓦楞道帽，左手执一杯雄黄酒，右手拿一把宝剑，踏正步，做着驱邪伏魔的姿势。"[2]海宁朱关良先生曾采集到几幅端午灵符，其制作颇为讲究。"每幅灵符由上、中、下三个部分组成。上端称'九笔符头'，必须由九笔完成，不可多一笔，也不可少一笔。下端是正符人物'天神

---

[1] 陈志勤等：《海宁市端午习俗调查报告》，《中国端午节·嘉兴卷》，桂林：广西师范大学出版社，2013年。

[2] 陈志勤等：《海宁市端午习俗调查报告》，《中国端午节·嘉兴卷》，桂林：广西师范大学出版社，2013年。

大将'，一是三眼马天君，手持武器为戟；二是暴眼赵天君，手拿武器为藤鞭，人称'黑老虎'赵玄坛；三是青面温天君，手持狼牙棒；四是岳（飞）天君，手持长枪，威风凛凛。灵符中段盖有一枚'道经师宝'的大红印章，使整幅灵符稳如泰山。"[1]

端午符一般贴在大门的门楣上，端午当天午时前贴好，可以起到镇宅保平安的作用。20世纪50年代以后，农村社庙遭到大面积拆毁，僧道还俗，娶妻生子，过起了平常人生活，端午送符习俗一度销声匿迹。近年来，随着民间信仰意识的抬头，端午送符等旧俗才稍稍恢复。现在用的端午符多是从商店里买来的印刷品。

有些人家还要在中堂上悬挂钟馗或张天师像，用于辟邪驱鬼。自唐代吴道子根据唐明皇梦境作《钟馗捉鬼图》以来，画钟馗者历代不绝。民间，因钟馗能捉鬼，遂以钟馗像为辟邪之物，于端午节悬挂。画面上的钟馗，狞眉倒竖，怒目圆睁，一把莽须硬挺刺开，显得威猛无比。旧时嘉兴地区，有不少擅绘钟馗像的名画家，如施定夫、潘雅声、郭季人等，施定夫的钟馗像还卖到了日本。今天嘉兴民间，仍有不少画钟馗像的好手。

除此之外，还有在大门上张贴"雄鸡图"的。嘉禾端午民俗体验馆的资料中记载："端午时节，在嘉兴南湖区一带的百姓常会在自

---

[1] 朱关良：《关于采集端午灵符的调查》，《彰显与重塑——2011年端午习俗国际学术研讨会（嘉兴）论文选》，杭州：浙江古籍出版社，2012年。

家门上贴'雄鸡图',认为公鸡不怕五毒,既啄食毒虫,又敢于攻击毒蛙,因而被作为'五毒'的镇物。'雄鸡图'描绘大公鸡嘴叼着蜈蚣,爪下抓着蜒蚰、蝎子,雄健之状,俨然是保护一家平安的另一种门神。"

另外,还有以直接书写文字的方式辟邪的,如用雄黄在门上写"王"字,或写上某种警示性的话语,如乾隆《乌青镇志》所载的"五月五日天中节,赤口白舌尽消灭"之类。

3. 熏霉烟

熏霉烟各地叫法不一,也有称打霉烟、做蚊烟、打蚊烟、熏闷烟的。丰子恺有一幅漫画,就叫《打蚊烟》。画中人提着烟炉,正要走进一个房间,后面跟一人手持蒲扇,墙边立一小孩,大约受不了烟熏,用双手捂住眼睛。丰子恺还用文字回忆了儿时所经历的打蚊烟的场景:"我的母亲呢,忙于'打蚊烟'和捉蜘蛛:向药店买一大包苍术白芷来,放在火炉里,教它发出香气,拿到每间房屋里去熏。"[1]

熏霉烟的做法由来已久,光绪《平湖县志》说端午这一天要"焚芷术",民国11年刊印的《海宁州志稿》说:"是日……以苍术、白芷、烟梗诸物焚诸室中,所以祛毒及辟霉湿也。"依照古法,熏霉烟

---

[1] 丰子恺著,丰陈宝、丰一吟编:《丰子恺文集》(6)"文学卷二",杭州:浙江文艺出版社,1992年。

人们在厨房里燃起霉烟

用到的两种主要材料是苍术和白芷。以前的中药铺还卖专门的熏药，用苍术、白芷等药物配成，百姓买回去，端午节熏霉烟用。

实际生活中，各地熏霉烟的过程大致相同，所用的燃料略有差异。在南湖区，"到了端午这一天的正午，家里的主人（一般都是主妇）将去年挂在门上的菖蒲、艾草拿下来，打个结，加一点点柴火，放点雄黄，滴点烧酒，再放上药店买来的中药（包括白芷、苍术等）。

最后,将这些东西放在用来打霉烟的炉子或火盆里,关紧门窗。点着后,女主人端着火盆或炉子在各个房间放一会儿。"[1]据秀洲区王店镇沈圣华老人介绍,打霉烟需要用到苍术、白芷、新采的艾草、蚊子草等。他家的做法是,关好门窗,在脚炉[2]底部放一点干草,上面放苍术、白芷、艾草和蚊子草,点燃干草,就有烟雾出来,提着脚炉,边走边摇蒲扇,口中念四句咒语:"今天端午节,蚊子门外歇。你要进门来,过了重阳节。"[3]端午前后,油菜籽刚刚收获,在农村,也有用脱裂的油菜籽壳作熏烟燃料的。平湖农村,人们把油菜籽壳和白芷、木通草掺在一起,在居室、牲畜棚中点燃,用烟驱赶蚊蝇蛇蝎。熏烟时会说:"熏蚊子,打蚊子。一抽抽到海中央,去叮海婆娘。"[4]海宁地区,有人将蒜梗、稻秆、松枝、桃枝、木屑堆在一个养蚕时用的火盆里,制造熏烟。[5]此外,观音草、癞蛤蟆草、蚕豆壳、甲鱼骨头等也可以用作熏霉烟的材料。熏霉烟的顺序,一般是先熏住屋,

[1] 李亚妮、张金荣:《南湖区端午习俗调查报告》,《中国端午节·嘉兴卷》,桂林:广西师范大学出版社,2013年。

[2] 旧时江南地区冬天用的暖脚器具,多为铜制,底部为圆形,高约三四十厘米,上有布满圆孔的铜盖,有拎环,可以随手拎走。

[3] 杨秀、彭佳琪:《秀洲区端午习俗调查报告》,《中国端午节·嘉兴卷》,桂林:广西师范大学出版社,2013年。

[4] 毕雪飞、马莉、王静然:《平湖市端午习俗调查报告》,《中国端午节·嘉兴卷》,桂林:广西师范大学出版社,2013年。

[5] 陈志勤等:《海宁市端午习俗调查报告》,《中国端午节·嘉兴卷》,桂林:广西师范大学出版社,2013年。

一间一间熏完，再熏羊圈猪舍。讲究一点的人家，先要在厢房的正梁底下熏。熏霉烟的时间是端午节正午十二点左右，人们相信这个时间点熏霉烟最为有效。

熏霉烟既是一项驱虫除湿、净化环境的家庭卫生工作，同时带有一定的仪式性。熏烟人口诵咒语，用言辞的力量配合烟雾的效用，使蚊虫无处躲避。夏天蚊虫最盛，嘤嘤嗡嗡，最为恼人；到了秋天，特别是重阳节以后，家中蚊虫就稀少了。所以，端午驱蚊咒一厢情愿规定五月端午到九月重阳这段时间，蚊子只在外面活动，不要到家里来。上文提到的秀洲区驱蚊咒，就是以重阳节为时间节点，说的是重阳以后，才允许蚊子回到家中。海宁地区驱蚊咒的内容也类似："今天端午日，明天端六日，蚊子苍蝇外头歇，在外待到九月重阳节。"平湖因为靠海，所以在空间而不是时间上做文章，把蚊子"一抽抽到海中央，去叮海婆娘"。

最近二三十年，嘉兴农村居住环境有了较大的变化，基本上看不到低矮的平房，到处是轩敞明亮的楼房。居家设施也有根本的变化，家中不易滋生蚊虫，外面的蚊虫也不易进来。还有驱蚊药水、杀虫剂随时备用。熏霉烟已经发挥不了多少作用，因此，已经少有人使用了。

4. 蛤蟆上灶

端午日早晨，去户外捉一只癞蛤蟆回来。午时，用绳子拴住癞蛤蟆一条后腿，也可以直接用手握，让癞蛤蟆沿灶台、灶脚爬一圈。事后，要将癞蛤蟆放生。俗信以为，这样可以驱避虫蚁，癞蛤蟆爬过的灶台不会再有蚂蚁、蟑螂出没。据说癞蛤蟆是虎头将军下凡，专为人间除虫。嘉善一带，有这样一则传说：很久以前，嘉善乡间发生了严重虫害，满目荒凉，民不聊生。玉帝派天将下凡除虫。几位天将草草巡视一番，便上天庭汇报，轻描淡写，敷衍了事。虎头将军得知此事，义愤填膺，向玉帝进谏。无奈玉帝不听。为了拯救民间疾苦，虎头将军私自下凡，为民除虫。五月五日端午节那天，虎头将军触犯天条的事被发现，玉帝将他贬为蛤蟆，永留人间。后世人们让蛤蟆在端午日爬上灶头，以此纪念虎头将军，同时驱走虫蚁。

癞蛤蟆行动迟缓，木木呆呆，舌头却异常灵活，能够迅速伸出，将飞过的蚊虫卷入口中，堪称猎虫高手。旧时，端午那天，除了象征性地让癞蛤蟆爬一圈灶台外，还要实实在在地让它捕食蚊虫。人们用线绳系住癞蛤蟆的一条后

蛤蟆上灶

腿，拴于桌腿、床脚或畜栏，癞蛤蟆就会乖乖地吃蚊子。这种场合，其貌不扬的癞蛤蟆近乎神灵的化身，人们对它充满敬意。松解线绳，放生癞蛤蟆时，人们还要双手合十，嘴里念念有词："放你回去了，苍蝇蚊子吃好了，阿弥陀佛。"

5. 喷洒雄黄酒

以前，嘉兴人过端午不仅要喝雄黄酒，还要用雄黄酒给居所消毒。康熙《海宁县志》载："或以雄黄酒洒四壁，为祛毒。"具体如何洒雄黄酒，县志中没有载明。实际上，有几种方法。最常用的是，含一口雄黄酒，向房屋各个角落喷洒。丰子恺在《端阳忆旧》中提到："到了正午，又把一包雄黄放在一大碗绍兴酒里，调匀了，叫祁官拿到每间屋的角落里去，用口来喷。喷剩的浓雄黄，用指蘸了，在每一扇门上写王字。"[1]借助口腔气流的作用，雄黄酒可以均匀有力地喷洒在墙壁和地面上。有些家庭的做法是，用树枝蘸雄黄酒抖洒。也有人直接用手指蘸了，向墙角掸洒。后两种做法，可以避免嘴巴与雄黄酒接触，更为健康卫生。房屋里喷洒雄黄酒，可以防止害虫进入。

也有用雄黄水的。雄黄磨成粉末，和水兑在一起，就是雄黄水。光绪《桐乡县志》载："蘸雄黄水洒墙壁，以辟蛇虫。"其效用与雄

---

[1] 丰子恺著，丰陈宝、丰一吟编：《丰子恺文集》(6)"文学卷二"，杭州：浙江文艺出版社，1992年。

黄酒相似。

6. 挂甲鱼血线

将棉线放在甲鱼血中浸泡后，缠挂在蚊帐上，可以驱走蚊虫。按民间的说法，甲鱼和蚊子结有死仇。甲鱼最怕蚊子叮咬，叮咬部位，溃疡难愈，还可能因此丢掉性命。夏天的甲鱼称"蚊子甲鱼"，品质最劣，补益效果最差，最不值钱。甲鱼死后，要报生前之仇，其骨、其血，散发特殊气息，蚊子一闻便逃。据海宁陆泽村村民濮友梅回忆，儿时过端午节，看到过家人将甲鱼血线挂在蚊帐上。这一驱蚊习俗，现在已经非常少见了。

7. 画弓箭、铁耙

嘉兴地区还有用石灰在门上画弓箭的习俗。弓箭能射杀毒虫邪灵，起到镇宅辟邪的保护作用。

铁耙是嘉兴农村的常用农具，用来翻垦田土。嘉兴有些地方，端午节那天，要在大门上用雄黄画铁耙。门上的兵器起震慑、守护作用，不让邪气进门，铁耙的取意则是要引入财气，使钱聚拢在家。

8. 撒石灰粉

除虫粉剂发明以前，石灰粉是嘉兴乡间常用的驱虫用品。屋里屋外，墙脚台阶，细细匀匀地撒上一道石灰粉，能够有效地驱走虫蚁。这一习俗，现在仍旧流行，特别适用于比较老旧的乡间农居。

[叁]服饰习俗

端午节的衣履配饰也异于平日。早在汉代，宫中即有端午赐衣之俗，《汉书》载："章帝尝以午日赐百官水纹绫袴。"以后历朝，此俗不改，所赐之衣物或代有差别，中心意思只有一个，在端午恶日，为身体竖一屏障，使邪气不得侵入。民间也有特别的制作，用料及工艺不如官家考究，用意则一致，也是为了辟邪祛病，求得身体的安康。从地方文献记载来看，嘉兴端午服饰习俗非常丰富。项映薇《古禾杂识》载："闺人作蟾蜍袋、蒜葫芦、金蜘蛛、绢老虎、钗梁缀、键人符……又妇女剪蚕茧为花，儿童以雄黄涂面塞耳，或书王字于额。"万历《嘉兴府志》载："红女裂缯为人形佩之，谓之'键人'。幼者系彩索，佩虎符，以解不祥。"其他各版府县志均有类似记载。嘉兴地区端午服饰习俗，主要针对体质相对娇弱的妇女和幼童，成年男子则没有特别的服饰要求。时俗迁移流变，今天嘉兴地区依然流行的端午服饰习俗有佩香囊、穿虎衣虎鞋戴虎帽、系五彩丝等。

1. 佩香囊

香囊，嘉兴人又称之为香袋、香包、荷包等，是一种绣制了各种图案纹饰的小绣囊。内装香料或中草药，香气扑鼻，端午日佩戴，能避免毒虫叮咬。香囊不仅有驱虫避害的实用功能，还是一种工巧精致的民间手工艺品。

端午佩香囊，有很长的历史。北宋有"道理袋"，可算是香囊的前身。《岁时杂记》载："端午日以赤白彩造如囊，以丝线贯之，搐使如花。俗以稻李置囊中带之，谓之'道理袋'。"明清以降，香囊成为较为流行的端午饰物，《吴趋风土录》记紧邻嘉兴的苏州风俗云："制秀囊，绝小，类荷包之形，中实雄黄，谓之'雄黄荷包'。"这种雄黄荷包，能驱虫避害，有一定的保健作用，与后世的香囊更为接近，不像早期的"道理袋"，只取"稻李"的象征含义，无实际效用。

缝制香囊

清代嘉兴地区，也有佩挂雄黄的，乾隆《乌青镇志》载："剖缯为囊，贮雄黄佩之。"

现代的香囊，制作当然更加精美，填充物也比过去丰富得多。一般用白芷、苍术、藿香、佩兰、厚朴、山柰、连翘、金银花、板蓝根、檀香、小茴香等十一味中药打成粉末填入布袋制成。还可以加入川芎、芩草、排草、甘松、木香等中药。也有用薰衣草、玫瑰等香料制成的。有些地方，还要在香囊内装入画有钟馗像的道符，以加强辟邪的功用。为了使香囊好看，有立体感，还要填入棉花，再用五色丝线扣成索。随身佩戴，香气扑鼻，百邪不侵。

香囊一般用红、黄、绿等颜色的绸布缝制，绣上花草、五毒之类图案，下面垂挂穗子。形状自由，长、圆、扁、方均可，也可以是鸡心形、菱形、三角形，还可以制成粽子状或小动物模样。近年来的制作更是五花八门，游龙、飞鸟、乌龟、海星，甚至脸谱、闹钟、折扇、生日蛋糕，但凡能想到的，都能成为香囊的形状。

嘉兴一带，香囊主要是儿童佩戴，由外婆或奶奶缝制。也可以挂在床头，有驱蚊作用。有些人家，在牛角上也挂上香袋，形制比普通的大一号。这种做法，算是古代遗风。据《岁时杂记》载，宋代有一种端午应时饰物，"上下均给，逮牛马猫犬皆带之"。缝制香囊是对"妇工"的考验，有些地方的家庭主妇、姑娘还会比拼香囊制作技艺，各逞其能，看谁制作的香囊最为精巧美观。2009年以来，嘉兴市

端午祈福平安的菱形香囊

　　每年都要在端午期间举行香囊制作大赛，把传统的"妇工"竞赛发扬光大。

　　桐乡地区，端午日有给小孩"挂菱"的习俗。所谓"菱"，可以是实际的菱，也可以是菱形的香囊。水乡人食菱之余，视菱为"菱瑞"，赋予其美好的含义。小孩"挂菱"，取菱、灵谐音，可以变得灵秀、聪

端午送香囊

明。[1]同时也能辟邪。

　　为什么端午节要佩香囊？南湖区有这样一则传说："传说中古人很难避过端午节这个节日，如果能避过就能够平安，不然就会被鬼怪害死。这时救苦救难的观音菩萨托梦给人们，说妖魔鬼怪最害怕金属和带有香气的东西，只要你带上这样的物件，就能避过妖魔鬼怪之害。人们一传十，十传百，观音菩萨托梦救人的事很快就传开

[1]　叶大兵《浙江民俗》：嘉兴、湖州一带水乡出产红菱、元宝菱、白枣菱、野菱等。菱
　　　肉鲜嫩，汁多味甜。菱谐灵、玲之音，民间视为吉祥、富裕、机灵、玲珑、伶俐等的
　　　象征，俗称"菱瑞"。幼儿的口袋、卧室的枕套、帐幔、床沿等都绣（或画、或雕）
　　　上菱、菱花等各式各样图案。

了。他们就在这一天午时，在身上佩戴各种各样的金属和带有香气的东西来辟邪，这种做法俗称'压午'。按照观音菩萨教给的方法来做，人们果然平安无事。从此，人们每一年的端午都会佩戴金属和有香气的东西，时间久了就渐渐发展成今天的香囊。"[1]

还有一种与香囊近似的配饰，叫作历本袋。历本袋与香囊外形几乎一样，只是填充物不同，通常包括日历纸、大米、桃叶、铜钱等。其中，最重要的是日历纸，历本袋的名称也因此而来。桐乡地区，历本袋又称通书袋。"桐乡人所说的历本、通书，是日历本（或叫皇历牌儿）之外的一种农家历书。本子不大，可以随手放到口袋里，算是'口袋书'。每年年底市场都有出售。内容主要是介绍二十四节气与农时农事的关系、农家日常生活的一些常识，配有十二个月历，还附带十二生肖的人在当年的运程、命理等信息，在历本的最后一页通常印有十二生肖图。做历本袋时，要把这一张有十二生肖图的纸放进袋中，因之称历本袋。没有历本的人家，会从日历本上选一页写有'今日大吉'、'黄道吉日'之类字样的'纸头'代替。"[2]历本袋是儿童专用的端午配饰，通常由外婆缝制，有辟邪的作用，同时表达了长辈希望孩子健康平安、长命百岁的美好心愿。

[1] 访谈对象：周小妹，女，1963年生。资料来源：《浙江省非物质文化遗产项目调查表·南湖卷》。

[2] 杨秀：《桐乡市端午习俗调查报告》，《中国端午节·嘉兴卷》，桂林：广西师范大学出版社，2013年。

2. 穿老虎衣

在中国人的观念中，虎是神兽，能够驱祟辟邪。《风俗通》云："虎者阳物，百兽之长也。能噬食鬼魅，……亦辟恶。"端午节，以虎辟邪，历史非常久远。梁宗懔《荆楚岁时记》云："今人以艾为虎形，或剪彩为小虎，粘艾叶以戴之。"这是后人称之为"艾虎"的配饰。嘉兴地区，迟至清代，还有插戴艾虎的习俗。周广业《宁志余闻》云："男女无少长皆佩艾虎符。"嘉庆《桐乡县志》云："悬神符，插艾虎。"清代诗人朱麟应《续鸳鸯湖棹歌》中有"钗头艾虎一丝悬"的诗句，说明艾虎的佩戴方法，乃是悬于钗头，作为头上的饰品。《古禾杂识》还提到"绢老虎"，应是绢帛制成的老虎饰品。这两种"老虎"，已经从嘉兴端午习俗中消失。如今，老虎元素集中呈现于儿童穿戴的虎衣、虎帽、虎鞋。

老虎衣，底色为黄色，布面上绘有很多老虎。有时候，老虎之外，还有蛇、蝎、蜈蚣、壁虎、蟾蜍等五种毒物，取以毒攻毒之意。也有不绘老虎，专绘五毒的，称为五毒衣。老虎衣多为上下分体式，上衣为对襟长袖，裤子为开裆裤。连体老虎衣比较少见，穿衣时从背后系带子，前面绘一只大老虎。

老虎帽没有帽顶，只是一个环形帽圈。帽圈上缝接一个绸制老虎头，还要插几根染色的鸡毛，作为装饰。

虎头鞋是在鞋的前部装一个虎头，虎头上剪出耳朵，画上老虎

缝制虎头帽

的面貌，装上眼睛、白色虎须，额头用红色丝线绣一个"王"字。

　　老虎衣一般由外婆家赠送，端午日上午九十点钟，就给孩子穿戴好。一般是五岁以下的小孩穿。其中，特别需要在端午那天穿老虎衣的是未满一周岁的婴儿，这是他们出生后过的第一个端午节，所以从头到脚，他们都需要周全的防护。

　　按嘉善一带的民间传说，穿老虎衣的风俗和唐代医药学家孙思邈有关。孙思邈医术高明，用药如神，连老虎的病都能治好。他将治

戴虎头帽的幼儿园小朋友

愈老虎所用的药叫作"老虎
脬"。有一年端午节，一户人
家的小孩不小心被蜈蚣咬
伤，孙思邈用"老虎脬"为他
医治，片刻就痊愈了。人们好
奇用的是什么药，他说是"老
虎脬"。不料，"老虎脬"被
听成了"老虎脸"。人们就
认为小孩是因为中邪才生病
的，"老虎脸"威风凛凛，能
驱走邪气。从此过端午节，
就画些虎头、虎脸贴在小孩
头上、身上、脚上，以使邪气
不能靠近。后来慢慢演变成
端午节小孩戴虎头帽、着虎
头鞋、穿虎头图案衣服的习
俗。[1]

[1] 姬广绪等：《嘉善县端午习俗调
     查报告》，《中国端午节·嘉兴
     卷》，桂林：广西师范大学出版
     社，2013年。

3. 系彩丝

系彩丝于手臂，是端午日的一大身体配饰习俗。彩丝通常有五种颜色，青、黄、红、白、黑，所以也称五色丝、五色缕。最尚红色，也称朱索。这种彩丝异称甚多，《风土记》云："造百索系臂，一名长命缕，一名续命缕，一名辟兵缕，一名五色缕，一名五色丝，一名朱索。"古人认为，端午日系彩丝，有续命保身的作用。《风俗通》云："五月五日续命缕，俗说以益人命。"而其来源，有人说与屈原有关。《风俗通》云："五月五日以五彩丝系臂者，辟兵及鬼，令人不病瘟，亦因屈原。"五色丝与屈原的关系，见于《续齐谐记》所记的一段逸闻："汉建武中，长沙欧回白日忽见一人，自称三闾大夫，谓曰：'君当见祭，甚善；但常所遗，苦为蛟龙所窃，今若有惠，可以楝树叶塞其上，以五彩丝缚之，此二物蛟龙所惮也。'回依其言，世人作粽并带五色丝及楝叶，皆汨罗遗风也。"五色丝能吓退水中的蛟龙，可见其震慑作用。

黄石《端午礼俗史》认为，彩丝原先不单独使用，只为系挂各种端午符而设。"但是佩符是要有线索的，悬挂、系臂，莫不皆然，为加强它的法力，色尚朱，由是有连符的朱索；为象征五方五兵，编结或搓纽的索，用五色丝，于是生五彩索；缕要多，于是名百索。再后觉得单单索也够力了，去掉累赘的符，于是只剩下朱索，那时就不必悬挂佩戴，只系在胳膊上就得了。"

　　明代地方文献即有这一习俗的记载，如万历《秀水县志》云：

"幼者系彩索于臂。"清代，此俗仍广泛流行，如康熙《海宁县志》

云："小儿女五色丝缠臂，为辟兵。"时至今日，端午系彩丝习俗在嘉

兴仍有遗响。民间将这一习俗的源头归于伍子胥，而非屈原。桐乡洲

泉镇有这样一则传说："那一年端午节前，天气炎热，和往年一样，

洲泉一带瘟疫流行，一些孩子都得了病。……伍子胥腰挂白金剑，披

着五色斗篷，骑着乌龙马，来到洲泉。伍子胥一到洲泉，就看出是那

些蛇蝎在作祟，便除下五彩斗篷，抽出五彩棉线，教大家用五色棉

线做'护身符'，给小孩子护身。"[1]

　　"彩色绳可以是多种颜色的组合，一般是五色组合，也可以是

纯红色。"[2]或五色组合，或独尚红色，与古法一致。五色丝一般是

小孩佩戴，有很强的仪式感。"节日清晨，各家大人起床后第一件大

事便是在孩子手腕、脚腕、脖子上拴五色线。系线时，忌儿童开口说

话。五色线不可任意折断或丢弃，只能在夏季一场大雨或第一次洗

澡时，抛到河里。据说，戴五色线的儿童可以避开蛇蝎类毒虫的伤

害；扔到河里，意味着让河水将瘟疫、疾病冲走，儿童由此可以保安

[1]　沈海清：《源远流传的端午节》，《嘉禾寻梦录（一）》，嘉兴：吴越电子音像出版
　　　社，2011年。

[2]　陈志勤等：《海宁市端午习俗调查报告》，《中国端午节·嘉兴卷》，桂林：广西师
　　　范大学出版社，2013年。

康。"[1]

4. 戴蒲根

菖蒲在端午节有广泛的用途。挂在门上，为居所辟邪；蒲根切丝，调入酒中饮用，能增强体质；还可以制成饰品，戴在手腕上，蛇虫就不敢近身。嘉兴秀洲一带，老人将蒲根切成小段，用红线缀连，形似手链，为小儿专用的避毒驱虫之物。

5. 佩戴百戒锁

平湖地区，端午节有给小孩佩戴"百戒锁"的习俗。"百戒锁"一般由外婆家赠送，多为银制，一面刻"长命富贵"，另一面刻小孩的生肖，与长命锁类似。"百戒"，有百害不侵之意，希望小孩无病无灾，健康成长。

6. 佩戴桃篮

民间普遍认为，桃树能驱鬼辟邪。门口插一束桃枝，鬼祟便不能进入。古代还有桃符、桃木剑，被认为具有强大的辟邪功能。桃核也有辟邪效用。将桃核磨光，用小刀刻出篮子形状，篮柄穿上红线，佩于小孩腕部，可以驱阻邪气。这种佩戴桃篮的习俗，在嘉兴一带还很流行，尤其是端午节，邪气炽盛，很多人家都要给幼儿系一只小小的桃篮。

---

[1] 访谈对象：高金毛，男，1928年生，濮院镇红旗洋村人。资料来源：《浙江省非物质文化遗产项目调查表·桐乡卷》。

7. 挂狗牙

俗信以为，狗有异于人类的特殊敏感，能够感知空气中的不洁与邪祟，通过吠叫，驱散危险，并把情况报告给人类。狗牙是狗身上最为尖利之物，被认为能震慑邪灵，使鬼魅不敢近身。旧时，大人要为初生婴儿佩戴狗牙，以辟除邪气。端午节也是小孩挂狗牙的日子。狗牙三四厘米长，一端钻孔，穿入红绳，便于系挂。也有人认为，挂狗牙是希望自家宝贝能像小狗那样容易养活，不生病，身体好，取意与用阿猫阿狗等贱名呼唤小孩相同。

8. 挂赤豆

嘉兴民间，以前还有端午节给小孩挂赤豆的习俗，现在此俗已经少见。选均匀饱满的赤豆七颗，用红线串起，顶部留出一段线头，底部用丝线做个穗，系在三四岁以下的小孩的衣服扣子上。也有不讲究赤豆颗数的，随意几颗都行。有些地方，还事先把赤豆炒熟，以免发芽。赤豆也可以放在香囊里，或者挂在小孩床头。清代乌镇地区，赤豆是缀挂在头发上的，乾隆《乌青镇志》有"穿赤豆缀辫髻"的记载。据说鬼怕赤豆，蜈蚣也怕赤豆，小孩挂了赤豆，就不怕这些邪物的侵犯。还有一种说法，挂赤豆可以防止小孩出麻疹。

三、竞技娱乐

嘉兴人以龙舟竞渡、踏白船、斗草、观剧等竞技娱乐度过端午节。

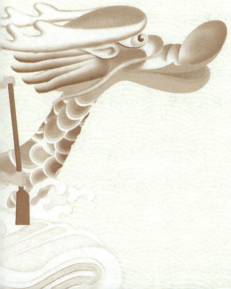

三、竞技娱乐

[壹]龙舟竞渡

嘉兴是著名的水乡，境内河湖密布，人们依水而居，舟船是必备的出行工具。《越绝书》称越人"以舟为车，以楫为马"，说明这一地区的人对舟楫的仰赖。现代交通发展起来之前，无论载人还是运货，都离不开舟船。在嘉兴人的生活中，舟船不仅具有实用性功能，在特定的节令、特定的场合，还发挥着仪式性功能，龙舟竞渡便是其中之一。龙舟竞渡起源于远古巫仪，随着文明的发展，逐渐社会化，最终成为世俗生活中的竞技娱乐活动。

龙舟是装饰成龙形的船只，前有高昂的龙头，后是翘起的龙尾，船的主体画满龙的鳞片。竞渡用龙舟，当与吴越民族的龙崇拜有关。据学者考证，古吴越人以龙为图腾。因古吴越人常在水中活动，为了免受龙的危害，进而求得龙的保护，他们断发文身，使自己在形象上接近龙子。

嘉兴人把龙舟竞渡与伍子胥联系起来。伍子胥含恨死去，其亡魂"随流扬波，依潮往来"，不肯散去，当地百姓以赛龙舟的方式纪念他。

1. 南湖竞渡

在嘉兴历史上，南湖竞渡是端午节的一项重要活动。每到端午，南湖水面百舸争流，场面盛大。嘉兴本地文献对这一盛事多有记载。明李日华《味水轩日记》云："观竞渡，士女填咽，所谓一国若狂者也。"可以想见当时观者云集、喧响奋呼的场面。清朱麟应《续鸳鸯湖棹歌》："卧春桥外水如天，五日争看竞渡船。蒲酒快斟人半醉，钗头艾虎一丝悬。"清陈元颖《砚农文集》中有一篇《烟雨楼观竞渡赋》，对南湖竞渡的情景有详细描绘："纷纷沓沓，如震如怒。砰磕铿鍧，川海山外。吞文笔之危峰，喷骊珠之烟雾……追湍激之狂澜，逆波涛而倒溯。风翻鳞甲，并烟雨而齐飞；水击鹍鹏，奋

南湖竞渡

旗帜而争赴……吹丝厪管，逐队遥迎；风驰电掣，目眩心横。衫挥红汗，波翻绿净。中流萧鼓，声传夹岸之楼。海上金鳌，影入清晖之镜。"乾隆皇帝南巡，六次驻跸烟雨楼。乾隆三十年（1765年），乾隆帝第四次南巡，到嘉兴时正逢端午，在烟雨楼上观看竞渡，场面极为壮观。诗人马学乾、吴锡麟躬逢其盛，分别赋《烟雨楼观竞渡》、《五日南湖观竞渡》以记之。《烟雨楼观竞渡》："风薰日午回长润，琼楼面面铺银盘。张牙舞爪龙舟集，旗裁五彩云霞攒。村村挟伎荡珠楫，家家启阁排雕栏。蒲觞倾后兰汤浴，群向湖头诧壮观。乍疑惊雷潭底起，倏讶行云空中蟠。散如珍珠去无迹，聚若献宝来无端。

南湖竞渡

轰耳雷鼓阗阗震，出没天娇驰飞湍。砰訇砳磕彻深窟，鳌宫贝阙胡能安？便恐真龙神变化，龙中跳跃一例看。豪客竞投鹅与鸭，分飞随势穿鱼滩。一呼奋臂争前擒，翻身入水胆尤拼。我禾风俗近荆楚，中天节合倾城欢。不迎三闾迎伍相，千秋往辄谁辛酸？辰良地胜数快事，狂歌亦足传骚坛，岂必斗鸡犹有昌黎韩。"《五日南湖观竞渡》："大船峨峨破空来，小船金鼓喧春雷。前者未前后更集，马奔隼疾湖云开。冥蒙雨歇正重五，艾白蒲香媚远浦。放鹤洲移隔岸帆，煮茶亭袅垂杨缕。波面薰风欻欻吹，枕流水阁卷帘时。卷帘俯瞰龙舟出，绣旗珠旗光耀日。攲斜舵尾燕当风，旋转湖心师应律。好景回想又几年，翠钿队队斗歌筵。胜事重逢竞渡节，衔杯莫忘嫩凉天。转眼湖光淡将夕，依旧高楼映空碧。"

竞渡用的龙舟一般狭长、细窄，船首饰龙头，船艄饰龙尾，龙尾多用整木雕成，刻有鳞片。舟身有彩色绘饰。上置锣鼓、旗帜。摇旗的人在船尾，敲鼓的人在船头。清马寿谷《鸳湖竹枝词》："去年摇旗押船尾，今年打鼓立船头。"很清楚地点出了旗和鼓的位置。在竞赛过程中，旗帜和锣鼓能起到稳军心、壮声势的作用。

竞速争胜当然是第一要义，中间亦可穿插一些水戏活动，体现了较强的娱乐性。马学乾《烟雨楼观竞渡》中有相关描摹："豪客竞投鹅与鸭，分飞随势穿鱼滩。一呼奋臂争前擒，翻身入水胆尤拼。"岸上围观的有钱人，把鹅、鸭投入水中，任由划龙舟的人争抢。鹅、

鸭窜扑，健儿奋争，往往能引燃围观者的情绪。

历史上，尤其是明、清两代，南湖竞渡是嘉兴人民的一项节俗胜事，并于康熙、乾隆年间达至鼎盛。后盛极而衰，据《古禾杂识》载："南湖竞渡，则乾隆四十年后始绝响矣。"

进入21世纪，此项端午节俗得以恢复。自2002年"五芳斋杯"中国嘉兴南湖国际龙舟邀请赛起，至2014年，已成功举办十三届赛事。与传统南湖竞渡相比，现代龙舟赛引入了体育比赛机制，竞技性增强，娱乐性降低。传统南湖竞渡，主要是嘉兴本土乡民自发组队参加，现代龙舟赛则具有了国际性视野，参赛队伍既包括本市、本省的，还有外省市及其他国家的。以2003年的龙舟邀请赛为例，共有十二支代表队参赛，分别来自美国、澳大利亚、埃及、马来西亚等国家，以及湖北、浙江、港澳台等地区。

现代龙舟赛有严格的竞赛规则，使用二十二人制国际标准龙舟，有标识明确的赛道，比赛成绩精确到百分之一秒。这是现代意识对传统民俗活动的改造。形式上的变化并没有消解传统文化的内核，传统生命力仍然在此延续。"金黄色的龙头和龙尾，龙舟两头是尖尖的。在龙舟比赛之前，会选择重要人物来给龙头点睛。自古以来人们都相信，在端午节时用朱红色的生命之笔来点亮金龙的眼睛，龙的生命就会被激活，同时点睛也能够激发队员的斗志，激发他们争夺胜利的信心。"[1]

2. 其他地区的龙舟竞渡

除了一度声势很盛的南湖竞渡外，其他地区也有龙舟竞渡。平湖历史上就有赛龙舟活动，据光绪《平湖县志》载："端午，东湖陈龙舟水嬉（按，今久废）。"根据县志按语，此项活动清光绪年间已久废不存，其历史原貌无从追记，但从"陈龙舟水嬉"推想，其样态应与南湖竞渡类似，在龙舟竞速的同时，穿插有娱乐性的"水嬉"活动。

2000年以后，中断已久的平湖赛龙舟活动得以恢复。以林埭镇为例，该镇村村有龙舟队，年年端午有龙舟比赛，当地百姓参与热情很高。林埭镇的龙舟竞赛，规模、人气与影响力固然不及南湖竞渡，但也有自己的特色。2012年"中国端午节"课题组在平湖调研期间，适逢林埭镇举行端

平湖龙舟赛

[1] 李亚妮、张金荣：《南湖区端午习俗调查报告》，《中国端午节·嘉兴卷》，桂林：广西师范大学出版社，2013年。

午龙舟赛，于是有了较为详细的记录："6月21日（农历五月初三）下午，在林陈一号桥边的河中，参赛队五十二支，赛程200米。主办方为林埭镇政府，并请了平湖电视台的记者采访和摄像。赛前主办方已将赛道装扮一新，挂起了彩旗和标语条幅，水面上有十只篮球作为浮标，四艘龙舟停在岸上以备参赛队使用。颁奖台下参赛队队旗飘扬，台上领导讲话之后进行龙舟'点睛'仪式，之后龙舟下水。下午

领导为龙舟"点睛"

一点十分第一轮比赛正式开始。十二支队伍每两队编为一组，共分六组比赛，以发令枪为号。每艘龙舟上有击鼓一人、光桨八人、尾桨一人。队员奋勇拼搏，比赛气氛热烈。一点五十分开始第二轮比赛，参赛队为六组获胜队，编为三组比赛，抽签决定分组。二点二十分比赛结束，按计时分数决定总名次，然后举行颁奖仪式，共有六个三等奖、四个二等奖、两个一等奖。二点三十五分全部结束，观众散场。"

海宁长安镇也有龙舟竞渡。长安，又称修川，据《修川小志》载："初一至初五日，市河有竞渡之戏，龙舟凡六，西关厢者曰老白龙，

2010年6月11日，海宁市长安镇运河龙舟赛

长河堰者曰老青龙，新堰者曰小青龙，令公庙前者曰老金龙，闸塘湾者曰绿须金龙，卢家桥者曰独角金龙，各争奇斗巧，男妇聚观，船无下篙处。"龙舟还进入杭州境内，与当地龙舟竞赛，乾隆年间刊刻的《海宁州志》载："龙舟竞渡近年长安镇最盛，定期初三日，不入城西，至半山与省下诸龙舟会合，观者两岸阗塞十余里。"长安镇的龙舟竞渡，至清末已渐趋衰弱，钟兆彬撰于光绪十四年（1888年）的《修川志余》载："龙舟竞渡昔颇称盛，自洪杨乱后，惟略点缀，以存故事耳。"确切的终止时间则众说不一，有人认为抗战前此俗已淡出历史舞台，有人则肯定"长安镇上一次龙舟比赛是在1947年举办的"。[1]

　　2010年端午节，长安镇龙舟竞渡以"长安镇首届运河文化旅游艺术节暨龙舟大赛"的名义得到恢复。共有九支参赛队伍，分别来自长安镇的九家企业，每艘船都以企业之名命名，有佳联号、亚东号、米塞号等，与传统的老白龙、老青龙、小青龙等大相径庭。参赛主体由村落变为企业，表明传统习俗在现代工业文明语境下发生了很大的转变。

　　又如海盐南北湖，历史上也有竞渡之俗，一度中断，又数次恢复。《澉志补录》记载了民国年间的一次竞渡活动："祝静远《乙亥

---

[1]　陈志勤等：《海宁市端午习俗调查报告》，《中国端午节·嘉兴卷》，桂林：广西师范大学出版社，2013年。

端阳高士湖竞渡即席口占（有序）》：民国24年乙亥端阳，吴侠虎等发起高士湖竞渡。是日也，天朗气清，同志到者有汪印玉、黄启华、张天一、许安石等，诸女士吴菊初、吴亥生等，诸小友及陆凤书、虞章业、陶维棪、朱瑞年、张强哉、徐伯修等共三十八人，履舄交错，笑语杂沓。中午集宴于苍山之载青别墅，中菜西吃，且不辨主宾，颇异于寻常之宴会。午后，齐向湖中竞渡，船十有二，或坐二三人，或坐四五人，其中有一船较大，鸣锣击鼓似司令部然，声彻四周。农民不期而集，观者湖边如蚁。虞章业船得锦标第一，朱瑞年第二，余皆奋勇争先，至高士亭而止，旋共往悟空寺休息。余兴，侠虎、凤书等各赋诗数章，以纪之念。此湖寂寞久矣，即当年中秋高士之会，恐亦无三十余人之多。又吴太冲有句云：'永安闸口柳如烟，想见云茶竞渡年。'此指南宋春时游人竞渡而言，迄今近千年矣。则此日之游，又岂特百年高会而已哉。"[1]从这篇文字来看，当年的龙舟竞渡不是当地乡民自发的节俗活动，而是地方名流的一次雅集，活动的过程充满文人的雅趣，活动结束，还要作诗纪念。当地乡民只是看客，"不期而集"，像蚂蚁一样在湖边团团围聚。

[贰]踏白船

踏白船又名摇快船，是江南水乡特有的水上竞技娱乐活动，嘉

---

[1] 转引自刘晓峰：《海盐县端午习俗调查报告》，《中国端午节·嘉兴卷》，桂林：广西师范大学出版社，2013年。

2009年5月30日，南湖踏白船比赛

兴各县区都有流传。由于资料缺乏，踏白船的确切历史无法考证。只知道"踏白"是宋代军队番号，为五军之一。《宋史》卷三六六载："自北边至武兴列五军，曰踏白、摧锋、选锋、策锋、游奕。"

踏白船比赛一般在清明和端午期间举行。比赛时，船头立一名指挥者，名曰"督照"或"当桩"，以桨击船板或跺脚发信号，指挥船行方向。一人坐船头砻糠袋上，在船只高速行进、破浪起伏之时，用臀部撞击坐垫，发出"白踏白踏"响声，有人认为"踏白船"之名由此而来。河面上锣鼓喧天，彩旗招展。来自四乡八邻的数十支船队，争

相角逐，两岸观众呐喊助威，欢声雷动，十分壮观。

最有名的当属三塔踏白船。传说某年嘉兴大旱，桑叶枯萎，春蚕无以为饲，养蚕人家心急如焚。有一女子自告奋勇，去外地寻找桑叶，至湖州一带，见桑叶甚好，于是连夜步行回家，唤乡民飞舟买叶救蚕。春蚕得救，女子却因劳累过度而身亡，后人遂尊其灵为蚕花娘娘，并于每年农历三月十六以划船竞赛纪念她。传说未必可信，但透露了一个信息，即踏白船与江南蚕桑生产的关系。蚕一日数餐，缺一不可，一旦桑叶歉收，便不得不去外地买叶，时间上刻不容缓，必

须飞舟来去，使尽全力摇船。

　　其他地方，如嘉善西塘，旧时每逢端午，市区与南部的文水漾里经常举行龙舟赛和踏白船比赛，场面也颇为盛大。海宁也举行摇快

踏白船比赛

船比赛，选手还要在船上作武术表演，娱乐性更强。平湖地区，历史上有赛龙舟习俗。据平湖曹桥街道文化站站长张金生回忆和介绍，平湖以前有十一人的快船，摇快船是赛龙舟的前身。农事忙完后，平湖人就在端午期间摇快船去新丰镇施王庙烧"汰脚香"，顺便在庙前的河里比赛摇快船。据平湖、新丰当地八十多岁的老人们回忆，当时还有摇快船的民间偶像。

[叁]其他娱乐活动

端午节还有其他一些娱乐活动。唐代白居易《观儿戏》云："髫龀七八岁，绮纨三四儿。弄尘复斗草，尽日乐嬉嬉。"诗中提到的斗草习俗在今天的嘉兴地区还能看到。在海盐等地，儿童在端午节以斗草相娱乐。最常用的是车前草，端午节前后，车前草已老，取其最为强韧的中茎，交叉互勒，以较胜负。斗草之俗，起源古早，宗懔《荆楚岁时记》载："五月五日，四民并踏百草，又有斗百草之戏。"民间有传说，当年勾践与西施也曾玩过这个童趣十足的游戏。斗草分为武斗与文斗。武斗即上述儿童的玩法，文斗则是以花草名互相比斗，虽有"纸上谈兵"的嫌疑，却也是对植物知识的考验，此种玩法，尤为女性所喜爱。《红楼梦》第六十二回，香菱与芳官、蕊官等人的斗草即是别有情趣的文斗。

白娘子误饮雄黄酒，现出蛇身，吓死许仙的故事，在江浙一带民间家喻户晓。在嘉兴的很多地方，端午有看《白蛇传》的传统。《白蛇传》是一部大戏，端午期间上演的多为其中的《盗仙草》，这一节内容与端午有密切的关联。在平湖，端午前后有钱王祠庙会，庙会上有《白蛇传》演出，一连演几天。当地还有白蛇修炼的传说。白蛇、青蛇在乍浦市河汤珠桥下的石缝中修炼，吃了吕洞宾的汤圆，法力大增。同在水中的一只癞蛤蟆没抢到汤圆，从此对白蛇、青蛇有了刻骨的仇恨。这只癞蛤蟆，便是后来的法海。

四、祭祀与交往习俗

从大的方面来说，人的交往分为两部分：与鬼神的交往，与人的交往。在特定的节日，这两种交往都有特别的规定。在端午节这一特殊的节日里，人的交往活动也异于他节。

四、祭祀与交往习俗

从大的方面来说，人的交往分为两部分：与鬼神的交往，与人的交往。在特定的节日，这两种交往都有特别的规定。在端午节这一特殊的节日里，人的交往活动也异于他节。

[壹]端午的祭祀

在我国的传统节日中，春节、清明、夏至、七月半、冬至等节日较为重视祭祀，端午节以祛邪避灾为核心，祭祀处于较为次要的地位。端午的祭祀，与古时的仲夏荐新之礼有关。《礼记·月令》云："仲夏之月，农乃登黍，是月也，天子以雏尝黍，羞以含桃，先荐寝庙。"不过，古时行荐新之礼，不限定在五月五日。黄石《端午礼俗史》云："交了五月，可以在收获早黍之后，择吉举行。但黍性黏，不便盛于笾豆，须贮以竹器，或裹以树叶，由此便发展成'角黍'。中古以后，荐新之礼废，世人便定端午祀先，角黍成了应时的祭品，代替了上古荐新所供的早黍粢，盛黍子酿成的醴。这是端午祀先的大略。"

嘉兴地区有端午祀先的传统，明清两代方志中多有记载。明崇祯《嘉兴县志》载："五日为端阳节，祀先，收草药。"清康熙《桐乡县志》亦有"午日，以角黍牲酒祀先"的记录。海宁地区有近似的记载，如《宁志备考》载："至日先以角黍牲酒祀神享先。"到了近现代，端午祀先的观念渐趋模糊，很多地方已不再施行，大多数人已不再了解这项仪式。而秀洲区王店镇还保留着端午祀先的旧俗，当地称"请太太"，多在端午日上午举行。桌子顺放[1]，东西北三面摆上酒盅筷子，南面放香烛，菜肴通常是三荤三素，荤的有鸡鱼肉，素的为油豆腐、豆腐干、青菜等，另外还有必不可少的粽子。男性户主拜过后，其余家庭成员方可跪拜。

除了祭祀祖先，嘉兴端午习俗中还有祭神仪式。过去，祭祀的对象主要是灶神，如民国16年（1927年）刊刻的《濮院志》载："家家以赤豆粽祀灶。"现在的祭祀则不拘于灶神，扩延到如来、观音、蚕花娘娘等大小诸神。以下材料记录的是海宁地区的端午祭神仪式。

时间：祭神一般是在早上九点开始。

祭品的准备与摆放位置：从神谱到香炉一共是七排。在八仙桌的上位摆放神架，神架上架上神谱，这些神谱现在都是从市场上买回来的。在1949年以前，祭祀的神主要是门神、家堂六神和灶司菩

---

[1] 农村常用的八仙桌，桌面由数块木板拼接而成，放置桌子时，桌面接缝南北向为顺放。平日使用，桌子都是顺放。祭祖也是顺放。请神时不同，桌子要转九十度，桌面接缝呈东西向。

萨，现在祭祀的几乎所有的神像都画在一张神谱上。当地人一般把神称为菩萨。这些菩萨在葛老伯等村民的认识中，分为吃荤和吃素两种，所以，在祭品上也会有荤素的区别。在神架之下放有一把筷子，原则上是有多少个菩萨就放多少双筷子，但实际上一般只是估计而已，大约够就行。接下来便是放两排盅和四碗饭，盅数和碗数都要求是双数。第一排盅是十二个，也可以是十四或十六个。第一排盅里都倒了绍兴黄酒。第二排盅只有四个，放在中间，里面倒的是清水，左右两边各放了两碗饭。四个装有清水的盅，是给吃素的菩萨准备的，另外装有黄酒的盅是给吃荤的菩萨准备的。盅后面一排，从左往右摆有步步糕和三个盘子。三个盘子里分别盛有千张和豆腐干、长条猪肉和两个鸡蛋，还有就是一条红烧的鲫鱼。本来酒水一排下来，需要摆的是鸡鸭鱼三荤，而且鸡是一只完整的，并且三者要求都是烧熟的。但如果没有鸡的话，可以放两个生鸡蛋代替。接着才摆糕点、千张和豆腐干等素食，但由于空间狭小的关系，也可以将这些祭品并摆。再下一排，依次摆一个大西瓜，一盘五个叠成一座小山似的豆沙馅儿包子，一盘满满的桃子和一盘满满的粽子，粽子有肉粽和豆沙粽。

　　最后在下位摆放烛台和香炉，左右两边各摆有烛台，香炉放在中间。同时，在每个烛台上挂有一串"元宝"，这些"元宝"是贴在小红纸上然后用线串起来的。两个烛台中间是香炉，在开始祭祀的时候，要点上三支香。关于祭神用的祭品，要求三荤三素、三样糕点、三样水果，等这一切祭品都准备好之后，就可以开始祭神了。

祭神仪式：祭神的时候，一家大小按照长幼顺序，男女依次祭拜，一般是由一家之主男性家长主持，他先把蜡烛点燃，借蜡烛的火点着三支香，拿着香站着拜，然后将香插入香炉中，接着再跪下，拜三次，再起身，站着拜三次。等所有人拜完之后，就要开始"请"神了，"请"的时间大概二十分钟，等三支香烧掉三分之二左右之后就可以了。同时，等所有的家人都祭拜完之后，家长要跪拜在垫子旁，将念过经的"元宝"烧给菩萨。在这之间，负责操办祭神事宜的葛劲松老伴葛大娘还要念"三支清香通九霄，九霄上面九根桥，金桥银桥都走到，免除西方奈何桥"这些词，如此，让天上的菩萨能够吃到这些祭品。

这时，祭神仪式基本上结束了。而这些祭品，要先拿到厨房"回灶"，然后大家可以一起食用。[1]

在海盐澉浦镇，端午节还有祭祀栏头公公、栏头婆婆的习俗。栏头公公、栏头婆婆又称棚头神，是专司家畜健康的神灵。旧时嘉兴农村都有这种习俗，只是请神的时间各地并不一致，多数地方是清明前后，有些地方是母猪生小猪之后第三天。遇到家畜临产、生

---

[1] 陈志勤等：《海宁市端午习俗调查报告》，《中国端午节·嘉兴卷》，桂林：广西师范大学出版社，2013年。

病等情况，也可以向棚头神告请，祈求危机顺利化解。端午节祭祀栏头公公、栏头婆婆，原因不难理解，端午是个对人、畜皆有危害的节日，既然人有一套辟邪免灾的方法，家畜也应得到一定的看护，以抵抗灾病，顺利过节。祭祀时在牲口棚前放一条凳子，上置鱼、肉、水果等祭品及点燃的香烛。还可以放上两个小酒盅，里面盛黄酒。

近些年来，在政府部门的推动下，带有官方色彩的祭祀活动隆重举行。参与人数之多，场面之宏大，影响之深远，都非民间祭祀可比。自2009年端午民俗文化节起，每年都要举行神龙祭，2010年以后，增加了伍相祭。神龙祭一般是开幕式后的一项活动，祭台上摆放牲酒果品，四个壮汉抬着龙头进入祭坛中央，主祭官便宣布祭龙仪式正式开始。鼓乐响起，在场所有人向龙头行三拜之礼，礼毕，音乐停止，由德高望重者念诵祭文。念毕，全场再三拜，由主祭官宣布"恭送龙头"，仪式结束。伍相祭在壕股塔旁的伍相祠举行。明弘治元年（1488年），朝鲜官员崔溥游历大运河，途经嘉兴，写了首《过秀州西水驿》，其中有"伍相祠后草木交"之句。这说明，明代就有伍相祠，位置大约在三塔湾至西水驿一带。今天的伍相祠虽是异址新建，其承载的祀伍传统，是有着深厚的历史渊源的。伍相祭分为起香、上供品、叙事、宣读祭文、集体拜礼、放生六道程序。参与祭拜的除了嘉兴本地各界人士，还有来自世界各地的伍氏后裔。这两种祭祀活动，依循古礼，又加入了现代的元素，"做到了既尊重历史传

2009年5月28日，祭龙仪式

伍相祭

统，又贴近现代生活；既突出民间祭祀的仪式，又兼顾现场欣赏性与社会参与性"。[1]

[贰]端午的交往习俗

端午期间，某些社会交往是明确禁止的。明万历《秀水县志》载："五月谓之恶月，禁吊丧问疾诸不祥之事。"除了吊丧、问疾之类的不祥之事不能做之外，婚嫁、迁居之类的带有喜庆意味的事情也要避免，如清康熙《桐乡县志》载："五月忌嫁娶吊问。"清光绪《梅里志》载："五月为恶月，例不作事，如婚嫁迁徙之类尤忌。"亲戚朋

[1] 李亚妮：《嘉兴市政府端午节庆文化活动综述》，《中国端午节·嘉兴卷》，桂林：广西师范大学出版社，2013年。

友之间的交往，仅限于"各以角黍相馈遗"（清康熙《海宁县志》卷二"风俗"）。总的来说，端午节是不鼓励交往的，人们应各自守护自己的家庭，做好各项辟邪工作，最好不要与外人接触，免得感染邪气，招引灾厄。

但是，有一种社会交往不但不被禁止，反而在嘉兴一带相沿成习，直到今天仍被遵循。这种俗称"拿端午"的社交活动，发生在新婚女儿与娘家之间。"拿端午"，又称"送端午"、"拿糖篮"、"致端节"等，指的是女儿出嫁后过第一个端午节，娘家要向婆家送特定的礼物，婆家收到礼物后，要将其中的一部分向邻里分发。清乾隆年间，就有关于此俗的记载。据乾隆三十九年（1774年）抄本《濮院琐志》载，端午那天，"新婚妇家遗食物、人符、艾虎、银事、铜事之类，为其女分给"。娘家所送之礼，因时因地而有差异。民国《乌青镇志》载："新娶妇家母家馈老虎花、纸扇、角黍，名致端节。"这与前书所载有较大差异，但都以应节物品为主。人符、艾虎、老虎花都是辟邪的饰品，银事、铜事也有辟邪功效，角黍是端午节的特定食品。可以看出，从清代至民国，"拿端午"不注重实用性，强调的是礼品的象征功能。到了20世纪50年代以后，礼物中的重头戏成了田间务农必备的秧凳、秧伞等物品，这是特定的时代精神在节日文化上的反映。20世纪90年代以后，农业生产的重要性下降，秧凳、秧伞退出了礼品名单，取而代之的是空调、冰箱等高档商品。

海盐县"拿端午"习俗较为典型,嘉兴其他地方与其大同而小异,地方文化学者做过相关调查,引述如下。

海盐县通元镇的调查

讲述者:严金祥,男,六十九岁(1943年12月生),1966年中专毕业,海盐县通元镇广电站退休人员。

时间:2010年2月28日。

在海盐县通元一带,"拿端午"又叫"担端午",指在女儿出嫁后的第一个端午节前,女方家要向男方家送东西。

"拿端午"所拿的物品是有一定规定的。海盐农村有句俗语叫"秧凳箬笠伞,梅子灰鸭蛋"。因为端午时正值水稻插秧季节,女方父母要为出嫁的女儿送去秧凳一只,挡阳遮雨的蓑衣、箬帽、拔秧伞各一件。一般还要请卖拔秧伞的店家在粗长的竹伞柄上刻字,如果女儿娘家姓赵,婆家姓钱,伞柄上就刻上"钱门赵氏"四个大字。有钱人家还要买一把"洋伞"(指黑布伞)送上。另外,"拿端午"的时候,还要为女儿拿去纳凉驱蚊的蒲扇两把,也有父母给买鹅毛扇的,为女儿热天做产妇做准备。

"拿端午"的物品中,除了这些用的,还有吃的,有猪肉、鱼(鲞)、梅子、咸鸭蛋等。当然也少不了粽子,给男方家的粽子,主要是分给在男方家吃喜酒时来的亲戚、邻居和帮忙的人。每户的粽子上都要插上一朵用绢或布料做成的红花。所以，裹多少粽子，买多少朵花，在"拿端午"前都要仔细算一算，适当留有余地，防止女婿家在分发时短缺。

"拿端午"这一天，所有物品用箩筐挑或用箱子扛着送到亲家家里，男方设宴招待。这个风俗一直在海盐延续至今。

随着社会的发展，生活的改善，如今"拿端午"的物品也发生了变化。现在种田技术进步了，秧凳、拔秧伞不需要了，蒲扇也用不着了，梅子树也早就不见了踪影，所以现在农村"拿端午"新品种不少，如有"拿"电风扇、空调的，可谓八仙过海，各"拿"各的东西，百家百样。[1]

[1]　金天麟、朱瑜冬：《关于嘉兴"送端午"习俗的调查与研究》，《彰显与重塑——2011年端午习俗国际学术研讨会（嘉兴）论文选》，杭州：浙江古籍出版社，2012年。

五、其他端午习俗

在嘉兴地区，还有一些端午习俗很难归类，故罗列于此章，并作简要介绍。

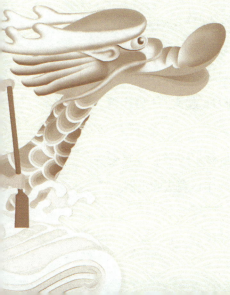

五、其他端午习俗

在嘉兴地区，还有一些端午习俗很难归入以上几类，罗列于下，并作简要介绍。

1. 端午不剃头

大家知道，正月不能剃头，旧年腊月剃完头后，到来年二月初二"龙抬头"才可剃头。正月不剃头的习俗，据说和清王朝的剃发令有关。头发跨年留足一月，相当于留了一年，汉人借此抵制清王朝的强制剃发要求，维护自己的传统。有些地方，除了正月外，五月也不能剃头。潘荣陛《帝京岁时纪胜》："五月多不剃头，恐妨舅氏。"这是清代北京的情况。嘉兴地区，也有此俗。《古禾杂识》记端午风俗云："时中小儿禁剃头。"这个习俗，到今天仍有余响，上了年岁的人，大多知道有此禁忌。平湖、嘉善一带理发店，过去在端午节这一天是关店歇业的，还把端午节称为"封刀节"，剃刀封起来，不做生意。可见，端午不剃头，是当地百姓的共识。

和北京"恐妨舅氏"的忌讳不同，嘉兴地区端午不剃头，是避免与死囚同一待遇，据说秋后问斩的死囚有在端午日剃头的定例。

2. 洗浴

端午洗浴，是起源很早的古俗。《大戴礼》就有"五月五日，蓄兰为沐浴"的记载。黄石《端午礼俗史》说："上古时代，端午第一件大事，是蓄兰沐浴。"兰草煎成的浴汤，具有除秽祛毒的功效，适宜在端午节施用。沐浴之俗，未能持续发扬，在端午节的历史上，时隐时现，若断若连，但没有完全消失，直到今天，仍在很多地方保留着。因时间、地域的差异，所用的浴汤也各不相同。习俗流动变异，不会完全拘泥于古法。

在嘉兴秀洲农村，端午那天，要用猪大肠水给不满一周岁的小孩洗澡。"猪大肠水即煮猪大肠的汤水。舀一些热热的猪大肠水兑到水盆中，水温要适中。把盆子放到桃树底下，洗的时候不能让外人看见。洗完了，再用清水冲一冲。据说，这样洗过的孩子，皮肤光滑，一夏天里都不会生痱子。"[1]

平湖地区，情形又不一样。"端午这一天，他们采来木通草或艾叶，抓来癞蛤蟆，将这些东西放入水中烧开，之后将蛤蟆捡出来扔掉，给未成年的孩子（十二岁以下）洗澡，据说不会起疱疹、痱子，有解毒之功效。独山港镇人用脱力草、蛤蟆叶（车前子）煎汤喝，可以清热解毒，也可以将它们晒干随时用来煎汤洗澡，据说可以祛痱子。

---

[1] 杨秀、彭佳琪：《秀洲区端午习俗调查报告》，《中国端午节·嘉兴卷》，桂林：广西师范大学出版社，2013年。

有些地方,在端午节那天,早饭吃过,八点以后,捉来一只癞蛤蟆与铜钱草(小金钱)一同煮水,给小孩洗澡,据说皮肤会光滑,不起疹子。还有的地方把铜钱草晒干洗澡,据说可以消毒、祛水痘,还用来泡茶喝,说可以清热解毒。"[1]

3. 疗冻疮

江南的冬天,气候湿冷,过去保暖措施不严,手脚常被冻坏。皮肉娇嫩的小孩,遭罪尤甚。大约二三十年前,嘉兴秀洲农村还有端午日午时用沉积尿液给小孩洗冻伤手脚的习俗。据说这样洗过,冻疮就不会复发。据家住王江泾镇的阮方松讲,他上中学时,手冻伤过,离端午还有几天,他娘让他在桶里小便,积攒尿液,到端午日中午,用以洗手,从此,再没生过冻疮。[2]

尿液的确有药用价值,民间把童子尿作为治跌打损伤的灵药。尿能够治疗冻疮,也不是天方夜谭。《魏书·勿吉传》载:"俗以人溺洗手面。"《隋书·靺鞨传》载:"俗以溺洗手面,于诸夷最为不洁。"勿吉和靺鞨是中国古代东北地区的少数民族,他们有"以溺洗手面"的生活习俗。运用现代人类学方法加以考察,发现支撑这一"不文明"习俗的正是尿液的药用价值。"冬天气候十分寒冷,猎人手足

---

[1] 毕雪飞、马莉、王静然:《平湖市端午习俗调查报告》,《中国端午节·嘉兴卷》,桂林:广西师范大学出版社,2013年。

[2] 杨秀、彭佳琪:《秀洲区端午习俗调查报告》,《中国端午节·嘉兴卷》,桂林:广西师范大学出版社,2013年。

极易皴裂，又往往在篝火旁睡眠，身体容易被烧伤，穿行于森林中从事狩猎活动，身体为树枝刮擦着而产生创伤是常有的事，甚至有时被野兽咬伤，这些都极易形成恶性溃烂，用尿洗净伤口就能减少病毒，减轻疼痛。"[1]以尿液盥沐，是出于实际生活的需要，不能简单地认为是缺少文明教养的陋俗。

4. 采药、制药

人们相信，端午期间药草药性最强，最适合采撷入药。《太平御览第三十一·时序部十六·五月五日》引《夏小正》曰："此月蓄药，以蠲除毒气也。"可知端午采药之俗古已有之。嘉兴地区旧时亦有此俗。明崇祯《嘉兴县志》载："五日为端阳节，祀先，收草药。"清代此俗仍然流行，如清康熙《海宁县志》载："或取诸草为药物，必于午时。"认为端午那天午时所采之药最为灵验。反映地方风土人情的"竹枝词"对这一风俗也有形象的描绘，如俞金鼎《溽水乡歌》记平湖地区的端午风俗云："年年五月届端阳，群向坟前采药忙。"又如清代嘉善诗人顾福仁《城南樵唱》："侬趁端阳收草药，不须庵里学长生。"今天，有些地方还保留着端午日采药的习俗，如在平湖独山港镇，有人在端午那天采来独山上的痧药草，晒干，留待酷暑天泡茶喝，可以预防疰夏。

---

[1] 陈伯霖：《勿吉——人以溺洗手面的历史人类学解析》，《学习与探索》，2011年第6期。

　　不唯采草药，还要从动物身上取药，这种动物，实在是专为端午节而生的。人们请它上灶，派它捕虫，用煎过它的水洗浴，吃它的肉，还要取它身上的东西作药。它便是蟾蜍，俗称癞蛤蟆，其貌不扬，但对端午节而言，意义非凡。蟾蜍粗糙的表皮上能分泌一种白色液体，名蟾酥，为疮科圣药。古人早就发现了蟾蜍的药用价值，《四民月令》云："五月五日取蟾蜍，可合恶疽疮。"嘉兴地区，一直有取蟾酥入药的传统。明项鼎铉《呼桓日记》详细记述了取蟾酥之法："共君梦诸人泛蒲，觅到蟾百余只。客言取蟾酥法，置蟾于水缸，绢罥其上，以姜黄煎汤灌入水，则酥即射绢中，试之不验。一说将蟾口抵开，漆盘盛之，入胡椒口内，酥射盘际时，蟾已逸，未及试。欲择一巨蟾作武侯水仙丹，而殊无大者。"又杨书本《濮院琐志》载："端阳节，……合紫金锭及诸灵验药。"紫金锭，据明汪机《外科理例附方》，"一名神仙追毒丸，又名太乙丹，治一切痈疽"。紫金锭的主要原料是蟾酥，明蒋一葵《长安客话》说得很清楚："太医院例于端午日差官至南海子捕蛤蟆，挤酥以合药，制紫金锭。"

　　5. 结账

　　旧时，端午节还是结账的日子。《新丰镇志略初稿》载："商店于是日结账。"民国《乌青镇志》也说："商店为第一期节账开单催收，并有下乡收账，名蚕罢账。"民国《濮院志》也有类似记载："店肆开揭账单，向人家催收，谓之节账。"春蚕养殖结束，称为"蚕罢"。改革开放前的嘉兴农村,养蚕是农民重要的收入来源,尤其是春蚕,售卖所得,在一年总收入中占有较大比重。店家趁广大民众手头富裕之际收账,是非常明智的。

另外,端午这一天对旧时代的打工者有特殊的意义。约定俗成,农村富户在此日决定长工去留,城镇店家决定职员去留,同时结清工钱。主家设宴招待雇员,席间当场决定谁去谁留。虽有难得享受的美酒佳肴,但事关前途生计,雇员们往往惴惴难安,食不知味。

6. 测午

据1997年版《嘉兴市志》载,旧时,郊区新丰、净相乡一带,农家有以砖测午的习俗。场院上竖一块砖,当看不到砖影时,即为正午。

7. 晒农具

端午过后,漫长的梅雨季节就要来临。端午日如果天气晴好,农户要把使用了大半年的农具放到太阳底下曝晒,并把折损的修好。晒过的农具不容易发霉,能经得住潮湿的梅雨期。

8. 穿夏衣

平湖的一些地方,还有穿夏衣的习俗。端午这天,拿出夏天的衣服来穿一穿,脱下收好,在接下来的时间里,这些衣服就不会生霉气。

六、嘉兴端午习俗的传承与保护

自二〇〇八年嘉兴端午习俗入选首批『浙江省民族传统节日保护基地』以来，嘉兴市投入巨大的人力、物力与财力，挖掘传统资源，整合社会力量，形成了保护与传承端午习俗的有效机制。

六、嘉兴端午习俗的传承与保护

　　嘉兴端午习俗历史悠久，经过漫长的演化，形成了一系列民俗事象，具有较高的社会价值和文化价值。节日文化的表征与内涵，始终处在变化生成之中，与时俱进，因时而变。考察嘉兴端午习俗的历史，也可大致看出其变迁的脉络。端午习俗形成并发展于农业文明时代，进入现代社会后，相关民俗事象经历了巨大的变化：过去极为重要的节目，今天可能已难觅踪影，而某些新增的内容，则为过去所无；即便同一名目，其内涵可能也完全不同于往日。今时今日，如何在变迁中守住传统，是我们面临的一个重要课题。

　　进入21世纪以来，传统的价值被重新认识，包括传统节日在内的民族文化受到国家、政府及全社会的重视。在嘉兴，围绕端午习俗，也有一系列来自政府部门和民间社会的努力。自2008年嘉兴端午习俗入选首批"浙江省民族传统节日保护基地"以来，嘉兴市投入巨大的人力、物力与财力，挖掘传统资源，整合社会力量，形成了保护与传承端午习俗的有效机制。2010年6月，嘉兴市与中国民俗协会合作，在嘉兴设立了全国首个中国端午文化研究基地，为端午习俗在当代的传承与发展提供学术保障。自2009年起，每年一届的端午民俗文化节为端午习俗的现代传承提供了坚实的平台，其中，2010年至2013年连续四届的端午民俗文化节均由国家文化部和浙江省人民政府主办。传统端午习俗，在现代社会获得了复兴。

[壹]保护与传承

2009年，首届端午民俗文化节举办，主题为"过端午、到嘉兴"，共推出四大主体活动与十二项群众性活动。四大主体活动包括2009中国·嘉兴端午民俗文化节开幕式、2009中国民俗文化当代传承国际论坛、全国青年龙舟赛和第三届中国大学生龙舟锦标赛、端午民俗表演大巡游等。十二项群众性活动包括"端午——我们的节日"教育实践活动、端午民俗作品创作大赛、端午诗歌朗诵会、中

2009年中国·嘉兴端午民俗文化节开幕式

2009年5月29日，嘉兴青年龙舟赛

华端午民俗文化摄影大赛、"端午娃娃"选秀活动、"过端午、到嘉兴"旅游活动、社区裹粽大赛、社区香囊制作比赛、南湖踏白船比赛、民俗歌会、端午农民画创作展示活动、马家浜文化博物馆开工典礼等。

自2010年起，端午民俗文化节规格提高，由国家文化部、浙江省人民政府主办，浙江省文化厅、中共嘉兴市委、嘉兴市人民政府承办。2010年的端午民俗文化节，基本沿袭上届的风貌，而规模更大、外延更广、涵盖面更宽，共有六项主体活动和十项群众性活动。比上届新增了端午习俗民间故事征集大赛、端午美食大赛两项活动。据不完全统计，参加节庆活动的嘉宾、演员、运动员达七千人次，直接

2010年中国·嘉兴端午民俗文化节开幕式吸引了许多观众

2010年中国·嘉兴端午民俗文化节的踏白船表演赛

参与群众达一百万人次。

2011年，端午主题进一步深化，嘉兴端午的地方性特色进一步确立，以"嘉兴端午，中国味道"为主题，开展五大主体活动和八项群众性活动。相较于前面两届，新增加的子胥庙会是一大亮点，庙会包括端午祭、戏曲票友会、鉴宝赏宝会、诗词吟诵会、民俗童玩会和端午美食会等六项活动。据不完全统计，参加的演员、嘉宾、运动员达六千人次，参与群众近七十万人次。

2011年端午民俗文化节童玩会

2012年，继续以"嘉兴端午，中国味道"为主题，共举办十一项精彩活动。除了沿袭前面几届的活动之外，新推出了嘉兴市国际友城文化论坛、《中国端午节》丛书编纂中期报告会等活动，加强国际合作，促进学术交流，进一步扩大了嘉兴端午的影响。

2012中国·嘉兴端午民俗文化节新闻发布会

2013年，端午民俗文化节的主题仍为"嘉兴端午，中国味道"，共推出四大板块、十六项活动。这些活动中，既有赛龙舟、裹粽子大赛、香囊制作展示、踏白船表演等历届都有的经典节目，还有嘉兴粽子爱心万里行、"漫画端午"全国漫画创作大赛、《中国端午节》系列丛书首发式、"中国掼牛"争霸赛等新亮点。

千百年来，端午习俗由民间自发传承。进入现代社会，包括节日文化在内的传统文化日益衰微，民间自发传承的动力不足，需要政府的大力介入。嘉兴端午民俗文化节正是在这样的背景下启动的。在保存传统精髓的同时，端午习俗以端午民俗文化节为载体，以百姓喜闻乐见的方式进入人们的生活。

1. 扎根端午传统，留存节日真味

端午赛龙舟是嘉兴的传统习俗，《秀水县志》、《烟雨楼史话》、《古禾杂识》等地方文献都记载过南湖龙舟竞渡的盛大场面。2002年，赛龙舟活动得到恢复，此后每年如期举办，至今已成功举办了十二届。自2009年端午民俗文化节开始举办以来，龙舟赛规模更大，参赛队伍组成更加丰富，不再局限于嘉兴本地。以2010年为例，有来自湖南、湖北、江苏等多个省市的三十支队伍参赛。2012年，第三届世界大学生龙舟锦标赛暨"五芳斋杯"龙舟赛，更是吸引了世界多个国家和地区的大学生龙舟队伍前来参赛。

与大多数地方在端午节纪念屈原不同，嘉兴纪念的是伍子胥，嘉兴民间有"五月五日，时迎伍君"的说法。自2010年起，每年端午都要进行祭祀活动，包括神龙祭和伍相祭两部分。祭仪尊重古礼，同时贴近现代生活，兼顾可看性和社会参与性，成为嘉兴端午文化的重要组成部分。通过祭祀活动，强化了嘉兴端午龙舟竞渡纪念伍子胥的意识，凸显嘉兴端午的最大特色是对伍子胥的祭拜。

踏白船俗称"摇快船"，是江南水乡特有的水上竞技活动，过去，嘉兴百姓常在清明和端午期间开展此项活动。2009年至2013年，端午民俗文化节期间，都有踏白船表演，吸引城乡百姓围聚观看。

2011年端午民俗文化节踏白船表演赛抢鸭子

2. 开辟展示窗口，体验古老风俗

　　嘉兴粽子，名闻天下。粽子与端午又有千丝万缕的联系。为了传承嘉兴粽子文化，保存端午古俗，2009年，在第一个端午民俗文化节来临之际，全国第一个粽子文化博物馆——嘉兴粽子文化博物馆成立，并于2010年扩建开放。该馆位于月河历史街区，占地面积达480平方米，博物馆展厅面积达到了1000多平方米，馆藏展品三百多件。粽子文化博物馆展现了马家浜文化，嘉兴粽子起源、传承等历史脉络，是了解端午粽子历史与文化的重要阵地。2009年，嘉禾端午民俗体验馆开馆，馆中陈列展示不限于端午习俗，但端午习俗是其中的重头戏，"龙舟竞渡"、"香囊祈福"等部分都与端午习俗有关。

嘉禾端午民俗体验馆外景

端午民俗大巡游

除博物馆的固定展示外，流动性展示也是嘉兴端午的一大景观。2009、2010两年的端午民俗文化节期间，都举办了大型民俗巡游活动。流动的古风古俗，浩浩荡荡地经过中心城区的大街，路人纷纷驻足观看。又有子胥庙会，将各种民俗活动融汇一体，推动端午习俗回归传统，回归百姓生活。2013年端午期间，以梅花洲景区为舞台，上演了一场端午民俗大戏，推出一个演艺广场、一个端午体验村、一条民俗文化街、一个非遗展示馆、一条水上表演河道，全景再现江南水乡农民的生产生活方式，生动演绎嘉兴端午民俗文化魅力，弘扬传承端午文化。

在过去的几年，嘉兴市对月河历史街区进行了修缮，将其打造成嘉兴的民俗展示基地。走在月河的石板小巷，能与各种嘉兴古俗迎面相遇，其中包括大量端午习俗。

3. 吸引大众参与，唤醒民俗记忆

节俗的传承主体是人，没有人的参与，节俗便失去意义。现代人对节俗的认同已与老辈不同，部分人甚至表现出相当程度的冷漠。唤醒民俗记忆，唤起民俗感情，是传统节俗保护的一项重要工作。

在嘉兴，围绕端午习俗，开展了丰富多彩的群众性活动，让群众参与其中，沉潜其中，品味端午的真味。每年，嘉兴都要举行端午征文比赛、诗词吟诵活动，通过文字的感染力量，加强端午古俗与现代人之间的关联。"我们的节日·端午"文艺宣教实践活动通过广泛

开展健康教育讲座、文艺演出、书法比赛等活动，推动端午民俗文化进社区、进乡镇、进学校、进网络，扩大端午民俗活动的覆盖面，提高群众的参与率。裹粽子大赛、香囊制作比赛、摄影比赛等活动也大大提升了人们的参与热情。端午食物也非常丰富，历来有很多讲究。为了推动端午美食文化，嘉兴举办过数次美食大赛。2011年的端午美食大擂台，与浙江卫视《爽食赢天下》栏目合作，征集民间"五黄"经典菜肴，邀请专业厨师和游客点评，并进行现场互动表演展示，增强参与性，让更多的人了解嘉兴端午美食和端午文化。

我裹了八只粽子

2009年5月27日，香囊制作大赛

4. 强化学术研究，深挖端午底蕴

端午民俗文化节的定位是"学术性、民俗性、群众性和趣味性"。端午是人民大众的节日，民俗性、群众性、趣味性当然都不可或缺，而学术性的加入则从更深的层次上体现了嘉兴保护、传承与发扬端午习俗的决心。

自端午民俗文化节开办以来，嘉兴成功举办了三届端午习俗研讨会，全国及世界各地的民俗学者来到嘉兴，共同探讨端午文化，编撰出版了《我们的节日：中国民俗文化当代传承浙江论坛论文选》、《寻觅中国端午文化魂脉——中国端午习俗国际学术研讨会

（嘉兴）论文选》、《彰显与重塑——2011年端午习俗国际学术研讨会（嘉兴）论文选》。论文主题有相当一部分与嘉兴端午习俗有关，嘉兴端午的历史脉络因此更加清晰，嘉兴端午的地域特色也更加鲜明。

在2010年的端午民俗文化节国际论坛上，"中国端午文化研究基地"落户嘉兴，为嘉兴端午习俗的研究与保护确立了学术保障。

"中国端午文化研究基地"授牌仪式

2010中国端午习俗国际学术研讨会

2013年6月，嘉兴市与中国民俗协会合作，历时两年，完成了《中国端午节》大型丛书，该丛书包括《中国端午节·史料卷》、《中国端午节·研究卷》、《中国端午节·民间文学卷》、《中国端午节·俗文学卷》、《中国端午节·图像卷》和《中国端午节·嘉兴卷》，计二百一十六万字，四百五十八幅图片，成为中国端午节研究乃至中国传统节日研究领域最大的一套资料集成。特别是《中国端午节·嘉兴卷》，研究人员深入研究史料，并进行实地田野调查，全面梳理嘉兴端午遗俗，完整展示嘉兴端午风貌，资料性与理论性并重，对嘉兴的端午习俗研究具有重大意义。

《中国端午节》丛书

此外，嘉兴还推出了"嘉兴端午文化"丛书，目前出版了两本，分别是《嘉兴端午习俗民间故事》和《嘉兴端午诗词新咏》。

[贰]发展与传播

端午是中国人民共享的节日，嘉兴端午习俗既有与其他地方的端午习俗的相通之处，又有其独特的个性。嘉兴端午习俗的传承与保护，既要立足于嘉兴本位，又不能死守一隅，顽固自缚。正如端午民俗文化节的宣传语"嘉兴端午，中国味道"所喻示的那样，嘉兴端午拥有一种开放的气质，它源于传统，根植于地方，而且能与时俱

进，面向全国。传承与保护，需要人们积极的行动。抚摸着老的物件，流连于旧的形式，只能导致节日文化的萎缩不振，我们必须以开放包容的态度面对这个瞬息万变的时代。因此，发展与传播便成了传承与保护必然的延伸。探索一条发展与传播的健康新路，是传承与保护的有力保障。

历届端午民俗文化节不仅承担了传承与保护嘉兴端午习俗的重任，同时也是发展与传播嘉兴端午文化的重要平台。端午民俗文化节吸引了五湖四海的客人，以2012年为例，"五芳斋杯"第三届世界大学生龙舟锦标赛暨2012嘉兴市龙舟赛除了二十支来自嘉兴市五县（市）两区和各企事业单位的龙舟队伍外，还有来自世界各地的三十七支大学生队伍参赛。规模之大，规格之高，创嘉兴历届节庆活动龙舟赛之最。在开幕式文艺晚会上，不仅有全国端午民俗原生态歌舞展演，还有友好城市韩国江陵的表演团队为嘉兴端午带来的极具异国风情的民俗演出。来自美国、俄罗斯、加拿大、德国、澳大利亚、意大利、韩国等七个国家的嘉宾走进禾城，深入了解端午民俗的独特魅力。在全球化的大背景下，文化的互通交流日益频繁，嘉兴端午习俗为越来越多的人所认识。

粽子是端午节的象征。一枚小小的粽子，浓缩了厚重丰富的端午文化。2013年5月，十二万只嘉兴粽子被装上九辆卡车，运往四川雅安、重庆涪陵、云南剑川等地。每辆车上都贴着"嘉兴粽子爱心万里行"的标语。粽子传递爱心，被送往全国十座偏远城市的贫困居民手中，同时也在万里行程中传播了嘉兴端午文化，提升了嘉兴端午的知名度。

端午习俗已经成为嘉兴的文化品牌，已为越来越多的人了解和接受。在商业与文化结合的浪潮中，端午文化借助商业的推力，不断向外扩展自身的影响力。2013年5月，嘉兴市组团参加第九届深圳文化博览会。嘉兴此次参会，一改之前企业各自参展的做法，而是以"中国·嘉兴端午民俗主题馆"的形式参展。开馆才两天，不论是展馆聚集的人气还是特产销售的数量均已远超前几届。中国红颜色的外观设计，江南水乡风格的民居，再加上端午民俗文化活动的照片、主题海报、专题视频、活动实物、文化产品，"中国·嘉兴端午民俗主题馆"吸引了广大参观者的目光。嘉兴特色产品——具有浓郁端午特色的嘉兴粽子也成为该届文博会上的热门产品。国家级非物质文化遗产五芳斋、中华名小吃真真老老两家粽子企业代表嘉兴粽子企业参展。短短四个小时，两家企业就卖掉了四千多个粽子。省级非物质文化遗产桐乡蓝印花布也参加了此次展会。虎头帽、虎头鞋等充满江南端午风情的蓝印花布产品以其别样的风格夺人眼球。

近年来，嘉兴市日益重视对外文化交流，为嘉兴本土文化的发展注入新的活力。2013年9月，嘉兴市文化广电新闻出版局、嘉兴市文学艺术界联合会与宜昌市文化局、宜昌市文学艺术界联合会共同

领导在"嘉兴·宜昌文化交流活动"上致辞

举办了"共同的守望——嘉兴·宜昌文化交流活动"。嘉兴文化考察交流团在宜昌市和秭归县分别举办了"漫画端午"全国漫画优秀作品巡回展、嘉兴·宜昌端午民俗文化活动交流研讨、屈原故里行绘画、摄影采风等活动。嘉兴、宜昌两地都拥有丰厚的端午文化积淀,在端午文化事象的构成上,同中有异,异中存同,通过一系列交流对话活动,两地之间加深了了解,增进了互信,同时也为端午文化在当代的发展与传播增添了助力。

现代媒体的加入,亦为嘉兴端午品牌的传播创造了条件。每年,都有大量媒体聚焦嘉兴端午,以2013年为例,就有新华社、《人民日报》、中央电视台、《浙江日报》、浙江电视台等五十多家主流媒体、网络媒体七十多名记者走进嘉兴，聚焦嘉兴端午，对其进行了全方位立体式的宣传报道。中央电视台对嘉兴端午活动香囊现场制作展示、包粽子大赛的准备

中央电视台在嘉兴录制端午节目

工作和决赛现场进行了三次连线直播。端午当天，中央电视台《新闻联播》播出了嘉兴端午包粽子大赛，中央电视台四套《海峡两岸》栏目播出了嘉兴海峡两岸同胞包粽子比赛。浙江广电集团专门拍摄制作了近三十分钟的"嘉兴·端午"专题片，8月19日晚在浙江电视台影视娱乐频道播出。2015年5月，中央电视台科教节目制作中心《文明密码》栏目组和国际频道《走遍中国》栏目组分别来嘉兴拍摄端午特别节目。栏目组分赴桐乡石门镇、嘉兴月河历史街区、五芳斋集团、马家浜遗址、南湖及陆稿荐酱鸭制作场所等地拍摄。栏目组在五芳斋集团参观粽子生产线，了解现代企业大生产条件下的粽子制作过程，并体验社区举办的裹粽子大赛；在南湖和大桥镇横塘体验了踏白船比赛，了解踏白船的由来、构造和比赛方式。主持人还与农户一起赴野外寻找蒿秧，包裹极具地域特色的蒿秧粽，体验并听取民俗专家讲解民间端午节吃蜘蛛煨蛋、蛤蟆绕锅台、吃蛤蟆、吃五黄、吃酱鸭、给小孩点雄黄、制作香囊工艺等嘉兴端午习俗。这些拍

摄内容被分别制作成时长九十分钟和二十分钟的专题片,在端午期间面向全国播出。

与传统社会相比,网络时代文化的传播与发展有着全新的面貌。互联网实现了文化的高效传播,同时也改变着人们对文化的感知与体认。嘉兴端午习俗,顺应时代要求,在网络虚拟空间中寻求自身的定位。借助网络平台,通过无处不在的个人电脑、手机等网络终端设备,从农业文明中走来的端午习俗拥有了其在后工业文明中的存在方式。这种存在方式,是传统农业社会的先辈们无法想象的。

2013年6月9日,中国端午文化网正式开通。该网站由中国民俗学会、中共嘉兴市委宣传部、嘉兴市文学艺术界联合会合作共建,包含端午新闻、端午研究、端午习俗、端午史料、端午故事等多个板块,通过图文、视频、在线互动等多种形式,全面展示端午节悠久的历史、丰富的民俗事象以及深厚的文化内涵。网友轻点鼠标,就能全面了解与端午相关的文化知识。

近些年来,随着国家对传统节日的重视,端午节过得越发热闹隆重,这种声势从现实生活延伸到了网络世界。每到端午时节,嘉兴本地的网上论坛就热闹起来,各路网友开始在网上过端午,把拍摄的端午图片上传到论坛,还用文字记录过端午的感想、心情,彼此分享。微博、微信更是成为现代人过端午的重要媒介,人们随时随地可以通过智能手机上传文字和图片,与其他人即时互动。2015年端午期间，"嘉兴在线"新浪官方微博发起端午主题征文活动，字数限制在一百四十字以内，文章必须同时包含互联网、嘉兴、端午三个元素，体裁不限。网友纷纷响应，用简短而充满创意的字句描摹当代端午图景。征文活动的策划者提炼出了互联网、嘉兴、端午三个主题元素，可以说准确把握了端午节在当前的存在状态，互联网的发展深刻影响了一个具有地方特色的传统节日。

端午节带来了文化馈赠，也实现了经济效益。以五芳斋集团为例，它是嘉兴最成功的企业之一，每年生产销售的粽子数以亿计。随着网络购物渠道的日益健全和消费者购物习惯的改变，五芳斋粽子的销售越来越依赖于网络。2009年，五芳斋首次"触网"，当年就实现销售额800万元，随后快速翻番，2013年达4800万元，2014年突破1亿元，到了2015年，仅端午期间，销售额就接近1.5亿元。对于五芳斋电子商务公司而言，每年的端午相当于粽子界的"双十一"，是全年最忙碌的销售季。以上罗列的以人民币为单位的数字，直观地说明了互联网带来的革命性影响，小到一个粽子，大到端午习俗乃至我们时刻浸润其中的生活本身，都发生了巨大的变化。

传统处在生成变化之中，流动不息，迁变不止。传统文化要保持生机，不能固守不前，必须在与时代的对话中发展前行。嘉兴端午习俗很好地回应了时代的要求，立足本根，开创新变，在新的文化生态中仍然葆有旺盛的生命力。

附录

端午节的相关传说

1. 伍子胥与海龙王

春秋战国时期，越王勾践战败，于是派出文种求和，表示愿意去吴国称臣。这个计谋骗过了夫差，却瞒不过太师伍子胥，他坚决主张杀掉勾践，反对纳降。又因为阻止越国献美女，伍子胥冲撞了吴王夫差，使夫差一时下不了台。夫差一怒之下，当场以欺君之罪，赐伍子胥"属镂"宝剑一把，叫他自尽，而且把伍子胥的尸体投入钱塘江。老百姓对夫差的这种做法愤愤不平。这天正是端午节，为了支持伍子胥，大家在这天正午纷纷向钱塘江投粽子，表示对他的同情和激励，并在海塘上烧香纪念他。

伍子胥得到老百姓的支持，浑身增添了力量。有一天，大家突然看见他的尸首朝天吐了一口怨气，愤恨地揭竿而起，驱水为潮。顿时，钱塘江里浪涛翻滚，潮水铺天盖地自东向西汹涌而来，好像万马奔腾，势不可当，吓得吴王夫差逃回了姑苏台。人们拍手称快，把伍子胥称为"潮神"，又叫"海潮王"。

再说，钱塘江本来由东海龙王掌管，他独来独往，危害老百姓。

现在半路上又杀出个程咬金，多出了个"海潮王"与他抗争，把钱塘江搅得昏天黑地，水晶宫被闹得摇摇晃晃，海龙王窝了一肚子气。

这年农历八月十八观潮节，海龙王终于忍不住这口怨气，就鼓动属下的虾兵蟹将，要与伍子胥斗法，分个高低，然后赶走这个"海潮王"。当天，钱塘江上空乌云滚滚，海潮咆哮，江面上刀光剑影，一场血战开始了。伍子胥是领兵的名将，现在加上"海潮王"的神威，海龙王哪是他的对手。战了三四个回合，海龙王招架不住，便败下阵来。

海龙王十分懊丧，心想，地盘竟被外人侵占，真是岂有此理。但又想，斗不过人家，还是好汉不吃眼前亏，三十六计，走为上策。他搬出水晶宫，在沿江陆地上建起九座龙王庙暂作休息，准备等待时机打回老家，再与伍子胥算总账。

哪知伍子胥精通兵法，知道海龙王使的是"以退为进"的策略，就在龙王庙之间也建起了九座海神庙，日夜守着，使海龙王无法伸展手脚，有家难归。

海龙王见一计不成，就招来龟丞相商策。龟丞相尾巴一摇，胸有成竹地说："大王请息怒，伍孽如此凶恶，我们来一个……"说完，在海龙王耳边窃窃私语了一番，海龙王听了便哈哈大笑起来。

海龙王听了龟丞相的计谋，马上给吴越王钱镠托了个梦，说了许多伍子胥的坏话，并叫他在观潮节那天万箭射潮，以击败伍子胥。

钱镠一梦醒来，认为言之有理，便在农历八月十八午时三刻，派了一万名弓箭手，万箭齐发，弄得伍子胥措手不及，只好暂时退兵。

海龙王这个阴谋马上被伍子胥看穿了。他怒从心起，在九月初二那天，趁其不备，怒潮齐发，江水奔腾，向各龙王庙冲去。不多时，龙王庙水漫金山，泥塑的龙王菩萨淹在水中，变成一摊烂泥。有趣的是，附近的各座海神庙和老百姓的房舍田地都太平无事。从此，就有了"大水冲了龙王庙"的说法。

讲述人：胡金堂，男，五十六岁，农民，小学，海宁市丁桥镇人。

流传地区：海宁钱塘江沿岸一带。

采录时间、地点：1978年8月采录于海宁县朝阳乡（现为海宁市丁桥镇）。

（朱关良　搜集整理）

2. 蛤蟆上灶过端午

端午节，要让蛤蟆上灶，在灶上里里外外爬一圈，而且人们还尊称这蛤蟆为虎头将军。这样的习俗你信不信？反正，在嘉善县枫南、西塘一些乡村至今还流传着这个习俗。端午节这一天，家家要到田野里去捉一只蛤蟆来，放到灶上去，让它从灶台爬到灶脚边，再沿着灶脚爬一圈，里里外外爬一圈。这才算是过端午节。

为什么端午节家家户户要让蛤蟆上灶？为什么称蛤蟆为虎头将军？在当地流传着这样一个传说。

很久以前，玉帝派何仙姑到人间体察民情，看到嘉善一带乡间闹虫害，一片荒芜凄凉。何仙姑立即把灾情禀报给玉帝，玉帝随即派了几名大将下凡除虫。但这几个大将根本不想为民除害，没几天就回去了，说虫害虽然比较厉害，但仅仅是几个村，不必劳师动众了。玉帝觉得也有道理，就把这事丢在一边不闻不问了。

这事被玉帝身旁的虎头将军知道了，他请求玉帝派他去除虫。玉帝并不理睬，而人间还在遭受虫害，农民们的哭声，声声打动着虎头将军。他再也按捺不住了，就悄悄地偷了老君的仙丹，私自下凡，察看灾情。他来到一户农家，看到农家灶脚边、灶台上、锅里全是黑黝黝的蟑螂和蚂蚁等虫子。一个老汉奄奄一息躺在破床上，身上也爬满了蟑螂呀蚂蚁呀等各种虫子。虎头将军奋不顾身，一大口一大口把这些虫子统统吃掉，然后把老君的仙丹给老汉吃。老汉得救了！

虎头将军接着用同样的办法救了这一带的百姓。

五月初五端午这一天，玉帝发觉了虎头将军私自下凡的事，这可是触犯天条的大罪！玉帝大怒，要惩罚虎头将军。既然虎头将军爱吃蟑螂和蚂蚁，就"成全"他，罚他变成一只蛤蟆，永留人间专吃蟑螂和蚂蚁。

消息传来，得救的农民又气又恨，但没有办法救虎头将军。他们商议，从此在端午这一天，家家都要找一只蛤蟆放在灶台上、灶脚边，用来纪念虎头将军。说起来，蛤蟆的确吃虫子，保护庄稼，保护人们的健康。所以这个风俗至今还在延续，大家还把蛤蟆叫作虎头将军呢。

讲述人：秦老四，男，农民，文盲，嘉善县魏塘人，已故；沈善德，男，职工，小学，嘉善县西塘人，已故。

流传地区：嘉善县枫南乡、里泽乡（现属魏塘街道）和西塘镇一带。

采录时间、地点：1987年6月采录于枫南乡顾家村和西塘镇上西街。

（王根珍、金葵　搜集整理）

3. 钟馗和艾蒲

一天,钟馗去桐乡福严寺,赶路有些口渴,就化成一个老人到一户人家讨口水喝。

钟馗敲开的是沈松林家的门,钟馗见开门的人脸上有泪水的痕迹,先是一愣。进了屋,又听见内屋里有隐隐的哭声,钟馗开口就问:"请问您家有什么不幸的事?"沈松林泪水顿时涌了出来,说:"岂止是我一家不幸啊!方圆百里都是这样。这不,快到端午了,妖怪又要出来祸害牲畜和小孩,每年烧香供奉也白搭。还有恶鬼也跟着作乱,我家有两个孩子被恶鬼缠身,如今快不行了。"

钟馗听罢,让沈松林到外面采一棵艾草回来,然后让他把两个病孩抱出来。两个昏迷中的孩子见了钟馗就惊叫着跳起来要往外面跑,钟馗一把抓住两个孩子的寸口,把两个孩子按倒在藤椅上,在孩子的脖子后面抓了一把放到嘴里。最后钟馗摘了两片艾草的叶子,吹了口气,插在孩子的头上。

不一会工夫,两个孩子坐了起来,吵着要吃东西了。

钟馗让沈松林拿来纸笔,然后画了张他自己的画像,又写了几个字,告诉沈松林,端午节这天把画像挂在堂屋里,并告诉大家,端午节这天,太阳还没有出来之前,去采集艾草和蒲草插在门上。

端午节这天,天还没亮,这里的人们都出门去采集了艾草和蒲草,插在了门上。

　　沈松林在端午节的早上，打开那张画，只见画上还有四个大字"钟馗在此"。

　　这天中午，钟馗召集众小鬼，挥舞着艾草为他助威，他就以蒲草为剑斩杀恶鬼和妖怪。妖魔鬼怪非死即伤，剩下的只能飞快地逃走了。

　　妖魔鬼怪被铲除了，老百姓又可以过上平安的日子了。为了防止妖魔鬼怪重来，每年的端午节，这里的家家户户都要挂钟馗像，都要在门上插艾草和蒲草。妖魔鬼怪见到百姓门上的艾蒲就心惊肉跳，再也不敢去插着艾蒲的人家作怪了。

　　端午插艾蒲、挂画像的风俗，就这样代代相传，一直传到今天。

　　讲述人：张凤珍，女，桐乡市濮院镇人，已故。

　　流传地区：杭嘉湖一带。

　　采录时间、地点：1999年2月采录于濮院镇。

（陈滢　搜集整理）

4. 嘉兴越王粽

嘉兴民间有一种风味独特的粽子——越王粽。越王粽的馅是用腌制烘干的冬菜或咸菜加入到上好的肋条肉中，再配上各种佐料，文火慢煮而成的。霉干菜吸收了猪肉中的脂肪味，变得鲜美多汁。猪肉又吸收了霉干菜的咸味香料，变得异常可口。用陈年金黄的箬叶将霉干菜肉包裹进细密厚实的糯米中，浓香扑鼻，回味无穷。说起嘉兴越王粽，其实还与越王勾践有关呢。

当年，越王勾践和吴王夫差决战，败给夫差，只得带领残兵败将逃到会稽。夫差带兵追到那里，把会稽城围了个里三层外三层。勾践听从范蠡和文种的计策，用珠宝和美女换得性命。他让大夫文种主政国内，自己和范蠡作为人质被押送到吴国国都姑苏，替夫差养马。

吴国大将伍子胥多次进谏，要夫差杀掉勾践，灭了越国，以免留下祸患。可夫差却怎么也听不进去。伍子胥见状，常对自己的部下说："今天不杀勾践，日后取吾等性命者必此人也。"

一日，伍子胥心生一计，叫来每天给勾践和范蠡送饭的狱卒，如此这般吩咐一番。第二日，那狱卒给他们送去一大盆淡肥肉和一桶白饭。隔壁牢房里投过来一缕羡慕的眼光，那是一个老年人，不知犯了什么罪被关在这里，而今早已白发苍苍。勾践也疑惑了，因为自从沦为阶下囚，每日里只能吃些剩菜冷饭，他已有半年没有吃到一丁

点儿肉了。

　　"莫非他们在食物里加了剧毒，想置我于死地？"想到这里，勾践不禁回头看看范蠡，心里忐忑不安。范蠡想了一会儿，道："大王不必过虑，他们若想害我们，早就下手了，用不着等到今日。"说完，他夹起一块肥肉，嚼了几下，一口吞了下去。勾践摸了摸干瘪的肚子，那里早已经"咕咕"作响了。他也吃了一块，接着下筷如飞。转眼间，一盆肥肉被他们吃了个盘底子朝天。

　　第三日，狱卒又给他们送去一大盆淡肥肉和一桶白饭，他们又很快吃完了。以后，狱卒天天给他们送肥肉和白饭。不到一个月，勾践和范蠡已经吃得白白胖胖，浑身无力，一动就出虚汗。此时，勾践和范蠡才明白中了敌人的奸计。他们想绝食不吃，但这样下去准会饿死；若继续吃淡肉白饭，则会浑身虚脱而亡。

　　范蠡长叹一声："大王，这一定是伍子胥的奸计。吴国上下我最担心的就是他，没想到最后还是要死在他的手中。"勾践也说："早知如此，当初我被困会稽时就应当和夫差决一死战，轰轰烈烈地死去，比现在苟且偷生强多了。"说完，君臣俩扼腕叹息，相对无言。

　　这时，从隔壁牢房里传来一个苍老的声音："你就是越王勾践吧，关在这里，就和老朽我一样成为阶下囚了。"勾践听了大怒，正待发作，早被范蠡一把拖住，轻声道："大王息怒，能和大王关在一起的人绝非等闲之辈。"

　　这天夜里，狱卒又给勾践和范蠡送来一大盆肥肉白饭，收去了原封不动的中饭，倒在墙角的阴沟洞里。几缕月光透过铁窗，冷冷地斜照在牢房里。几只大老鼠旁若无人地钻出来大嚼那些食物。

　　"可惜啊，可惜！"隔壁的老者大声叹息，"饱了老鼠，饿了老朽。"

　　范蠡听了，内心一动，趁狱卒睡了，他悄悄地在间隔的墙上挖去一块砖。月光下，那老者还在自叹自怜。范蠡把吃剩的肥肉塞进洞里。那老者闻到肉香，一骨碌爬起来，扑到墙洞口，一把抓起肥肉，三口两口就吞了下去。吃好后，他顾不得擦去一嘴油腻，喉头一动一动，眼睛还在看着勾践和范蠡。

　　范蠡小声道："敢问老先生，你为何关在此处？"

　　那老者盯着范蠡，良久才道："你们君臣两人皮肉松弛，说话中气不足，虚火上升，有时还头晕眼花，这是肥肉吃多了的缘故！这世道可真滑稽，有人撑死，有人饿死……嘿嘿……"

　　范蠡听了，忙跪在地上，道："求老先生救命！"

　　那老者听后，喃喃自语："只因我与伍子胥政见不一，没想到被他设计陷害，一关就是十年！"他说完，随手从席子底下抽出一把垫床的竹叶包裹起臭菜，往范蠡手里一塞，说："这菜对我来说咸苦难忍，对你们可是救命良药，它可以收油去火。"

　　范蠡接过，如获至宝。为了掩人耳目，他干脆把肥肉、臭菜、

白米饭包裹在竹叶里吃。自此以后，范蠡常用肥肉换臭菜。他们两人渐渐康复，那老者也健壮起来。三人常常在深夜密谋，定下灭吴大计。

后来，伍子胥见此计不通，便强谏夫差杀勾践。越国留守大臣文种买通吴国太宰伯嚭，让他在夫差面前说伍子胥的坏话，说他连自己的父兄都不顾，怎能顾及吴国？他日作乱吴国者，必伍子胥。久而久之，夫差对伍子胥渐渐疏远，终于赐一把属镂剑，让他自尽，又把他的尸体扔进钱塘江喂鱼。

伍子胥死后不久，勾践和范蠡被释放回国。勾践用狱中老者所教的计策，把蒸熟的稻谷进贡到吴国，让吴国人播下稻种后颗粒无收。然后两次伐吴，把吴王夫差围困在姑苏。夫差对部下道："我死后，九泉之下还有何面目见伍子胥啊？"说完，挥剑自刎。

勾践灭了吴国，把狱中老者营救出来，拜为上卿。他把昔日狱中吃过的竹叶包肥肉霉菜白米饭扔进奔流不息的钱塘江，说道："伍子胥啊伍子胥，你当年想置我于死地，我今天就让你知道当初逃此一劫的原因，也算是对你的祭奠吧！"

后来，海宁的老百姓得知越王勾践吃竹叶包肥肉臭菜白米饭活了命，复了国，便说此物吉利，纷纷效仿。以后又加以改良，人们把臭菜晒干，再配以鲜肉糯米，用陈年金黄的老箬叶包裹起来，没想到它的味道鲜美无比。这种包粽子的方法一直流传至今，大家都说金黄的嘉兴越王粽富贵大气，吉祥如意。

讲述人：程生堂，男，农民，初小，海宁市马桥街道正阳村人。
流传地区：海宁市马桥街道一带。
采录时间、地点：2005年5月采录于马桥街道正阳村大树下。

（童程东　搜集整理）

5. 乾隆和嘉兴端午习俗的传说

乾隆皇帝下江南，不几天就要到嘉兴了，一时间大小官员忙得团团转，除了到处张榜招募烧得一手好菜的厨师外，还想方设法搜集民间的珍宝异物，以博得皇上一乐，可东托西访就是找不到一件上得了台面的宝物。

这一天，县官无心公务，溜出衙门，漫无目的地走啊走，抬头看到了北门望吴楼茶室，于是就迈着四方步走了进去。喝着加了檀香橄榄的明前龙井，县官看到旁边有不少茶客竖起耳朵，围着一个人正听得津津有味，就靠过去听壁脚。原来，他们说的是塘汇街上金记米行的金老板有一只翡翠癞蛤蟆，据说是稀世宝物，每年的端午节正午时分，把它放在一只竹匾里，它会放开四脚慢慢爬动，凡是看

到过这只翡翠癞蛤蟆的人，这一年就会阳气充足。

县官一听，高兴呵，心急火燎回到县衙，立即召集手下，匆匆来到塘汇街上的金记米行，要金老板交出宝物。金老板看到这么多官兵兴师动众，知道在劫难逃，只得乖乖跑到阁楼上，将压箱底的那只翡翠癞蛤蟆交给县官。

第二天，乾隆皇帝的龙船浩浩荡荡，沿大运河来到嘉兴，尽管县官喊来高手做了不少江南名菜、嘉兴细点，可是乾隆皇帝全无兴致，计划第二天就要离开。怎样才能留住皇上？县官急中生智，趁向皇上介绍嘉兴名胜古迹的机会，伏在乾隆皇帝耳边，如此这般将翡翠癞蛤蟆的神功作了一番活灵活现的介绍。乾隆爷一听，顿时两眼发光，龙颜大悦："你这里竟有如此神物，快快拿来一看。"县官马上献上宝物，乾隆爷看了一眼，暗暗觉得这玩意儿非同寻常，就作出了嘉兴驻跸三天以观奇物表演的决定。

到了端午节这一天，乾隆皇帝吃过嘉兴的小脚粽和雄黄酒，早早来到县衙的大院内。正午时分一到，只见原先硬邦邦的翡翠癞蛤蟆果然开始微微伸动四肢，在一只竹匾上神气活现地爬动起来，等到三圈爬完，又恢复了原来的形状。

这宝物的确很稀奇，这天夜里，乾隆皇帝果然精神充沛，阳气十足。

乾隆皇帝虽然见多识广，但如此神奇的宝物在京城也见不到。第二天一早，乾隆皇帝就提出要把翡翠癞蛤蟆带回京城，细细把玩。这时县官在边上吞吞吐吐地说："这异物乃千百年修炼而成，受天时地利制约，只恐离开嘉兴就不灵验了。"乾隆皇帝实在是被这宝物的神功深深迷住了，他马上授意颁布圣旨：在嘉兴修建行宫一座，以便在此修身养性。以后，乾隆皇帝六下江南，有三次在嘉兴秀水城驻跸，每次时间都在一旬以上，原因就在于无法摆脱翡翠癞蛤蟆的神力。据说当年兴建的这座行宫地址就在今天的光明街加洲长岛一带。整个工程花了近两年时间才完成，金碧辉煌，很是气派。如今这里只留下一棵两人合抱的柳树。

嘉兴宝物迷倒乾隆皇帝的故事，很快就在秀水城里传得沸沸扬扬。普通老百姓是根本见不到这个宝贝的，不过从此有了个规矩，在端午节这一天啥人如果能看到癞蛤蟆，据说就会给自己带来旺盛的阳气。后来，男人们发现单单捉一只癞蛤蟆，在正午时分拿来看看，也不见得有用。于是有些大胆的人就开始用癞蛤蟆做出美味的菜肴，说是吃了后有益肾壮阳的功效。这个说法一出，每年的端午节这一天，许多人总要去捉一批癞蛤蟆来作为过端午节的必备菜，就着雄黄酒，细嚼慢咽一番。时间一长，癞蛤蟆大概悟到了端午节是它们的受难日，就早早地钻进洞里藏起来，你若想捉到一只比登天还难。有人又想出个办法来，端午节捉只癞蛤蟆，放入水锅里烧沸后，拿来给小孩洗澡，说这样可以使小孩健康成长，夏天不会生痱子。

时间一长，也就成为这一带的一种风俗习惯了。

讲述人：朱鑫耀，男，初中，嘉兴市南湖区人。

流传地区：嘉兴市南湖区、秀洲区一带。

采集时间、地点：1989年采录于嘉兴市区中基路蒲鞋弄茶馆店。

（徐建明　搜集整理）

6. 端午杀倭烧"闷烟"

海宁黄湾沿海，历史上倭害很厉害。

明嘉靖年间，有一批倭寇乘海船在海宁尖山口登陆，从此沿海附近乡镇深受其难。倭寇到处烧杀抢掠，强奸妇女，无恶不作，百姓处于水深火热之中，大家纷纷要求官府平掉倭寇，保护地方，为民除害，使大家安居乐业。

有一天，杭州抚台派来了两名将军，一个叫周应祯，一个叫罗力成，当地老百姓管他们叫周都司和罗都司。他们是带领士兵，来平定倭贼之乱的。两支队伍来到尖山海防，周都司驻袁花崇教寺，罗都司驻黄湾宝严寺。

这天，周都司突然得到探子来报，说倭寇在黄山一带大肆骚扰百姓。周都司当机立断，急派快骑飞奔黄湾，通报罗都司，要求他密切配合，从南向黄山岭发动袭击，周都司则从北向黄山岭夹攻，平掉倭寇。

待约定时间一到，只听见山北号炮一声巨响，周都司率兵从北向黄山岭发起猛烈进攻。可是冲到半山腰时，却发现敌军纷纷往西逃窜，也不见罗都司阻拦。正在此时，探子来报，说罗都司在山南按兵不动。这可把周都司气得火冒三丈，哇哇直叫。

原来，罗都司心存不轨，耍了个滑头，只是虚张声势一阵，就脚底抹油，溜之大吉。

周都司攻倭扑了个空，也来不及考虑罗都司怀的什么鬼胎，对自己的部下喝令一声"追"，便跃马扬鞭，朝尖山方向猛追不舍。当他追到尖山脚下的一个深岙处，这群乌合之众突然不见了。周都司正在疑惑不解时，暗地里射来一箭，正中他的胸膛。只听见他"呀"的一声，晃了一下，便壮烈牺牲在马背上。周都司的部下一时慌了阵脚，被从深岙里冲出来的倭寇围攻，死伤无数。但周都司的白马好像通灵性似的，到傍晚时分，居然把他的遗体驮到了袁花崇教寺。

周都司和他的部下为国为民捐躯了，但那个民族败类罗都司，却回到杭州，并谎报军情，称倭寇已平，从海上逃走了。

其实相反，倭寇见周应祯被打败，罗力成也走了，因此更加变本加厉，疯狂地欺压百姓。他们见粮就抢，见女人就掳，老百姓苦啊，

大家恨得咬牙切齿，只想一口把倭寇咬死。

五月天，正是抢收抢种的大忙季节，乡亲们悲悲切切地在田里干活。村里有位年长的黄大伯，看在眼里，急在心里。他想倭寇一日不平，村里永远不会太平，今后这日子怎么过啊？他搜肠刮肚，最后想到了一个办法，便告诉了邻近的乡亲们："抗倭军队也走了，倭寇如此欺侮我们，我们难道就这样等死不成？只要大家团结一心，自己也可以救自己的嘛！"说着就胸有成竹地把计策告诉大家："明天就是端午节，我们可乘倭寇中午在黄山岭老巢用餐休息之际，大家在午时以门前焚烧杂草'闷烟'为号，来一个火烧黄山岭，叫他们来得去不得！"大家听了都点头说好。

黄大伯的话，暗地里一传十、十传百，村村户户作好"火烧黄山岭，杀尽倭寇贼"的准备。

端午节正午时分，黄山下的每个村庄家家户户门前飘起了浓烟，就在同时，黄山岭脚下也突然大火冲天，浓烟滚滚，接着山南山北、山前山后四面八方都燃起了熊熊烈火，一片火海把黄山岭团团围住。

有个倭寇哨兵急向头领报警："山下有大火烧上来了！"那个头领上前一看，只见山下各村各户到处烟雾缭绕，还云里雾里弄不清是怎么回事，只见自己脚下已经烧上来了。火势越烧越猛，一直烧到山岭上。倭寇真像热锅上的蚂蚁，想冲冲不下，想躲没处躲，乱成一团。此时，乡亲们趁着大好形势，大家拿着锄头、铁耙，一齐冲上去把住"火关"，来一个，杀一个，来两个，杀一双，把倭寇统统杀光。没有冲下来的，当然被烧成了焦炭。

老百姓杀了倭寇，想到了为地方抗倭寇捐躯的周都司，他们把他的遗体从崇教寺抬回黄山岭，按当地风俗安葬在黄山岭上。后来又在那里建了一座庙来纪念他。从此，每年端午节，黄湾老百姓都要举行盛大的周都司庙会；同时在端午节时，家家户户各自在门前或室内熏烧"闷烟"，纪念杀倭的胜利，进而沿袭成俗，直至今天仍然有人效仿。

讲述人：许洪法，男，农民，小学，海宁市黄湾镇人，已故。

流传地区：海宁市钱塘江沿岸一带。

采录时间：1978年5月。

（朱关良　搜集整理）

主要参考文献

1.　[汉]司马迁：《史记》，中华书局，1959年

2.　[东汉]袁康：《越绝书》，《四部丛刊初编·史部》，影印乌程刘氏嘉业堂藏明万历刊本

3.　[东汉]赵晔：《吴越春秋》，《四部丛刊初编·史部》，影印乌程刘氏嘉业堂藏明万历刊本

4.　[梁]宗懔：《荆楚岁时记》，《丛书集成初编》，中华书局，1991年

5.　[宋]张尧同：《嘉禾百咏》，影印文渊阁四库全书，台湾商务印书馆，第1186册

6.　[元]徐硕：《嘉禾志》

7.　[明]李培等修，黄洪宪等纂：《秀水县志》

8.　[明]刘应钶修，沈尧中等纂：《嘉兴府志》

9.　[明]罗炌修，黄承昊等纂：《嘉兴县志》

10.　[明]谈迁：《海昌外志》，清康雍间抄本

11.　[明]李日华：《味水轩日记》，《嘉业堂丛书》

12.　[清]许三礼修，黄承琏续修：《海宁县志》

13.　[清]项映薇著，王寿增、吴受福续增：《古禾杂识》，民国

24年（1935年）刻本

14. ［清］邹存淦：《修川小志》，清抄本

15. ［清］李圭修、许传沛纂，刘蔚仁续修，朱锡恩续纂：《海宁州志稿》

16. ［清］杨树本：《濮院琐志》，乾隆三十九年（1774年）抄本

17. ［清］董世宁：《乌青镇志》，民国7年（1918年）铅印本

18. 闻一多：《端午考》，《闻一多全集》第五卷，湖北人民出版社，1993年

19. 丰子恺：《端阳忆旧》，《丰子恺文集》"文学卷二"，浙江文艺出版社，1992年

20. 黄石：《端午礼俗史》，《国立北京大学中国民俗学会民俗丛书》第102册，东方文化书局

21. 刘晓峰、陈云飞：《中国端午节》丛书，广西师范大学出版社，2013年

22. 董芍素：《我们的节日：中国民俗文化当代传承浙江论坛论文选》，浙江人民出版社，2010年

23. 《寻觅中国端午文化魂脉——中国端午习俗国际学术研讨会（嘉兴）论文选》，浙江大学出版社，2011年

24. 《彰显与重塑——2011年端午习俗国际学术研讨会（嘉兴）论文选》，浙江古籍出版社，2012年

后记

　　嘉兴是保存端午习俗最为完整的地区之一，丰富的端午民俗事象涵盖了衣食住行各方面，构成了嘉兴传统文化的重要内容。近些年来，嘉兴市特别重视端午文化的整理和研究，召开了数次国际性的研讨会，出版了几本论文集，其中很大一部分论文的主题都是关于嘉兴端午的。这些论文为本书的编著提供了启示。嘉兴与中国民俗协会的合作，取得了丰硕的成果：成立了端午研究基地，并完成了六卷本《中国端午节》系列丛书。丛书的"嘉兴卷"意义尤为重要，数位民俗学界一流学者带领学生走遍嘉兴，探访端午遗韵，形成了方法科学、结构严谨、内容丰富且反映时代特点的调查报告，全面记录并呈现了嘉兴端午习俗的存在现状。这套丛书，特别是其中的"嘉兴卷"，为本书提供了丰富的资料来源。

　　除了利用当代调查研究的成果之外，本书还从历史文献中寻找论说的支撑，引以为据，梳理端午习俗传承发展的脉络。嘉兴历来是

　　人文渊薮，地方文献库藏丰富，明清两代的地方志书以及像《古禾杂识》这样专门记录嘉兴地区物产、风俗、掌故、逸闻的书籍是编著本书的重要依据。

　　根据图文并茂的编写要求，本书附有大量图片。要特别感谢嘉兴市文联陈双虎先生、嘉兴市美术馆张觉民先生，他们为本书提供了很多照片。同时也要感谢这些照片的拍摄者，他们用镜头留下了反映嘉兴端午习俗的珍贵画面。

　　嘉兴市文化局领导特别重视本书的编著，提供了许多资料，并不时过问成书进度，最后还审读书稿，督促修改，在此表示感谢。

　　编著者水平有限，书中不免有舛错之处，敬请读者教正！

编著者

2015年11月11日

责任编辑：方　妍
装帧设计：薛　蔚
责任校对：王　莉
责任印制：朱圣学

装帧顾问：张　望

《嘉兴端午习俗》编委会
主　编：金琴龙　陈云飞
副主编：刘　靖　秦　怡　马学文

图书在版编目（ＣＩＰ）数据

嘉兴端午习俗 / 王晓初, 吴文彬编著. — 杭州：
浙江摄影出版社, 2015.12（2023.1重印）
　（浙江省非物质文化遗产代表作丛书 / 金兴盛主编）
　ISBN 978-7-5514-1171-4

　Ⅰ.①嘉… Ⅱ.①王… ②吴… Ⅲ.①节日—风俗习
惯—嘉兴市 Ⅳ.①K892.1

中国版本图书馆CIP数据核字（2015）第296469号

嘉兴端午习俗

王晓初　吴文彬　编著

全国百佳图书出版单位
浙江摄影出版社出版发行
　　　地址：杭州市体育场路347号
　　　邮编：310006
　　　网址：www.photo.zjcb.com
制版：浙江新华图文制作有限公司
印刷：廊坊市印艺阁数字科技有限公司
开本：960mm×1270mm　1/32
印张：5.25
2015年12月第1版　　2023年1月第2次印刷
ISBN 978-7-5514-1171-4
定价：42.00元